Assertività Quotidiana

Sblocca il tuo io Assertivo e Sicuro, Smettila di Compiacere gli Altri, Stabilisci dei Confini e Di' NO!

(Libro di Lavoro per Trasformare la Tua Vita e il tuo Modo di Comunicare)

MASTER.TODAY

Roger Reed

Introduzione

L'assertività, la capacità di dire chiaramente come ci si sente e cosa si vuole, è un'abilità importante ma spesso sottovalutata. Imparare a diventare assertivi è cruciale se si vuole vivere una vita appagante e soddisfacente. Tuttavia, anche se l'assertività è una qualità di cui tutti abbiamo sentito parlare, c'è molta confusione sul suo reale significato. Molti confondono l'assertività con:

- aggressività
- egoismo
- prepotenza
- arroganza

L'assertività non comporta nessuno di questi attributi negativi. L'assertività consiste in una serie di competenze e abilità che permettono di affermare chiaramente ciò che è importante per noi senza violare i diritti e i bisogni delle altre persone. Ma soprattutto l'assertività è un'abilità di comunicazione. Diventare assertivi significa imparare a esprimersi chiaramente e senza offendere gli altri. Significa capire e valorizzare i propri bisogni e quelli altrui.

La considerazione per gli altri è la differenza essenziale tra arroganza e assertività, per esempio. Arroganza significa perseguire esclusivamente i propri obiettivi. L'assertività implica una visione più ampia. L'assertività è un'abilità di vita essenziale. Ogni persona di successo è assertiva. Possiamo esserne certi perché, se non sei assertivo, non avrai successo, per quanto brillante tu sia.

L'assertività è importante in ogni parte della nostra vita. Nella carriera, non possiamo avanzare né migliorare senza essere assertivi. Nella vita personale, l'assertività porta a relazioni più appaganti e soddisfacenti. In tutto ciò che facciamo, la capacità di valorizzare e comunicare chiaramente i nostri bisogni è un prerequisito per il successo.

Essere passivi è l'opposto di essere assertivi. Essere eccessivamente passivi non solo limita la capacità di raggiungere i propri obiettivi, ma è anche malsano. È stato dimostrato che la passività porta a bassa autostima, ansia e persino depressione. Le persone passive raramente sono soddisfatte. Cercare di rendere tutti felici non sarà mai possibile, perché le persone hanno desideri e bisogni diversi. È impossibile accontentare tutti, e provarci causerà stress.

La buona notizia è che l'assertività si può imparare. Sorprendentemente, <u>non</u> essere assertivi è un comportamento appreso. Sei nato assertivo. I bambini esprimono le emozioni liberamente e sono bravi a farci capire cosa vogliono. Una volta eri così, ma da allora hai imparato a nascondere i tuoi sentimenti. Hai imparato a evitare il conflitto cedendo e ignorando i tuoi bisogni per favorire gli altri. Hai imparato a diventare passivo.

Questo libro tratta del riapprendimento delle abilità necessarie per diventare assertivi. Spiega cos'è l'assertività e fornisce strategie pratiche per applicare queste abilità. Non si diventa assertivi dal giorno alla notte, ma si possono imparare queste abilità nel tempo.

Sei pronto a scoprire i vantaggi dell'assertività?

IL TUO REGALO

Vorremmo farti un regalo per ringraziarti di aver acquistato questo libro. Puoi scegliere tra uno qualsiasi degli altri nostri titoli pubblicati.

Puoi ottenere l'accesso immediato a qualsiasi dei nostri libri cliccando sul link qui sotto e iscrivendoti alla nostra mailing list:

https://campsite.bio/mastertoday

Copyright 2021 by MASTER.TODAY - Tutti i diritti riservati.

Questo documento ha lo scopo di fornire informazioni accurate e affidabili riguardo al soggetto e all'argomento trattato. La pubblicazione è venduta con l'intesa che l'editore non ha alcun obbligo di fornire servizi contabili, ufficialmente autorizzati o altrimenti qualificati. Se è necessaria una consulenza, legale o professionale, occorre rivolgersi a un professionista - da una dichiarazione di principi che è stata accettata e approvata in egual misura da un comitato dell'American Bar Association e da un comitato di editori e associazioni.

In nessun caso è permesso riprodurre, duplicare o trasmettere qualsiasi parte di questo documento, in forma sia elettronica sia stampata. La riproduzione di questa pubblicazione è severamente vietata, e la conservazione di questo documento non è consentita se non con il permesso scritto dell'editore. Tutti i diritti riservati.

Altri nostri libri

Disciplina e Forza Mentale: *costruisci la fiducia in te stesso per sbloccare coraggio e resilienza!*

Scopri di più qui:

https://master.today/books/mental-toughness/

Indice

Introduzione 3

IL TUO REGALO 5

Altri nostri libri 7

Indice 8

Parte 1: cos'è l'assertività e perché ne hai bisogno? 11

Capitolo 1: sei una bella persona? 12
    Fai un bel test 12
    Tutti vogliamo essere apprezzati 16
    Sei un compiacente? 19
    Essere gentili ha un prezzo 23
    Hai il diritto di prenderti cura di te stesso 26

Capitolo 2: cos'è l'assertività? 31
    Cosa intendiamo per "assertivo"? 31
    Si può essere gentili e assertivi nello stesso momento? .. 32
    Assertivo non è uguale ad aggressivo 35
    I benefici dell'assertività 41
    L'assertività come abilità appresa 45

Capitolo 3: le tue convinzioni ti stanno danneggiando? 47
    Il bisogno di compiacere 48
    Insicurezza e dubbi su se stessi 50
    Il bisogno di essere buoni 51
    Paura del confronto e sottomissione 52
    Essere assertivi è brutto! 53

Non è colpa mia! 54
Capitolo 4: il comportamento degli altri ti sta danneggiando?
.. 55
Manipolazione del senso di colpa 56
Il ricatto emotivo 60
Il comportamento passivo-aggressivo 65
I *toxic taker* 70

Parte 2: come aumentare l'assertività 74

Capitolo 5: cosa c'è da sapere sull'assertività 75
Un test di assertività 75
L'assertività è una scelta 78
Fiducia in se stessi e assertività 79
Conoscere i propri bisogni 81
L'importanza della comunicazione assertiva 83

Capitolo 6: come diventare più assertivi 85
Cosa fare e cosa non fare per diventare assertivi 85
Affrontare le credenze dannose 87
Affrontare il ricatto emotivo 95
Trattare con i *taker* tossici 96

Capitolo 7: imparare a dire "no" 98
Perché abbiamo paura di dire *"no"* 98
Perché imparare a dire *"no"* è salutare 100
"Non posso" contro "non voglio" 102

Capitolo 8: stabilire dei limiti 103
Perché i confini personali sono importanti 103
Scegliersi i confini 105
Far rispettare i confini 106

Parte 3: piano d'azione per l'assertività 107

Capitolo 9: vuoi essere più assertivo? 107
Scegliere di diventare più assertivo 107
L'assertività non è tutto o niente 108
Quanto tempo ci vorrà? 109

Capitolo 10: costruire la fiducia in se stessi *110*
   Ascoltare il saggio avvocato 110
   Pensiero positivo 112

Capitolo 11: migliora la comunicazione *114*
   Empatia e compassione 114
   Impara ad ascoltare 116
   Messaggi assertivi in tre parti 118
   Strategie pratiche per dire *"no"* 120
   Gestisci i contrasti 123

Capitolo 12: l'assertività passo dopo passo *126*
   Le quattro fasi per diventare assertivi 126

Piano di assertività in venti passi **128**

IL TUO REGALO **136**

I nostri altri libri **137**

Parte 1: cos'è l'assertività e perché ne hai bisogno?

La prima parte di questo libro riguarda l'individuazione del punto in cui ti collochi in questo momento in termini di assertività. Con il tempo scivoliamo in abitudini comportamentali senza accorgercene veramente. A volte abbiamo bisogno di fermarci e prenderci il tempo di capire dove siamo ora. Questa pratica non è sempre semplice. Può essere uno shock scoprire che non siamo la persona che pensavamo di essere e realizzare che ci siamo allontanati dalle nostre convinzioni fondamentali.

Ma devi farlo se vuoi cambiare. Non si può costruire qualcosa di nuovo senza fondamenta solide. Che tu stia leggendo questo libro significa già che vuoi cambiare. Potresti essere tentato di correre alle parti del libro che ti spiegano come diventare assertivo. Concediti invece il tempo di leggere questa parte e di pensare onestamente a come si applica a te. Ti sforzi tantissimo di essere gentile? Sei una persona compiacente? Hai idee sbagliate su cosa significhi essere assertivi? Ci sono persone nella tua vita che si approfittano di te e ti impediscono di raggiungere il tuo pieno potenziale?

Solo quando avrai completato questa verifica mentale sarai pronto ad applicare le tecniche che ti aiuteranno a cambiare.

Capitolo 1: sei una bella persona?

Fai un bel test

> *Faresti meglio a stare attento,*
>
> *È meglio che tu non pianga,*
>
> *Meglio non mettere il broncio,*
>
> *Ti dico perché...*
>
> Babbo Natale sta arrivando in città

Tutti vogliamo essere gentili. Prima da bambini e poi da adulti, ci viene detto che essere gentili con gli altri è un'abilità sociale essenziale. Se non siamo gentili, non piaceremo alla gente.

Non c'è niente di male nella gentilezza, specialmente se si traduce in cortesia e premura verso gli altri. Tuttavia, è possibile esserlo troppo. Questa tendenza può portare a preoccuparsi talmente tanto di assicurarsi che gli altri siano felici da dimenticare i propri bisogni. Possiamo sentirci risentiti, arrabbiati e persino depressi perché, per quanto tentiamo, non riusciamo mai ad accontentare tutti.

Dato che stai leggendo questo libro, magari è proprio così che ti senti. Ti sembra di passare tutto il tempo a cercare di compiacere gli altri? Eppure, per quanto tu faccia, sembra che vogliano sempre di più. Passi così tanto tempo a pensare a ciò che vogliono gli altri che sembra che tu non abbia mai il tempo di considerare i tuoi bisogni?

Forse ti stai sforzando troppo di essere gentile.

Fai questo semplice test. Non è inteso come un test scientifico o psicologico. È solo un metodo per farti pensare al tuo comportamento in termini di assertività ora. Sii onesto!

1. **Ordini al ristorante. Quando il piatto arriva, non è quello che hai ordinato. Tu:**
    a. non dici nulla. Probabilmente sarà comunque buono, e non vuoi rovinare la serata a tutti;
    b. lo dici alle persone con cui sei a cena ma lo mangi lo stesso;
    c. informi il cameriere dell'errore e chiedi il piatto corretto.

2. **Ti spingono in fila. Tu:**
    a. non dici nulla. Probabilmente hanno più fretta di te;
    b. sospiri esasperato ma non parli;
    c. dici alla persona "*Mi scusi, ma credo di esserci prima io*".

3. **Sei al supermercato. Ti colpiscono da dietro con il carrello. Tu:**
    a. chiedi scusa;
    b. non dici nulla ma li guardi male;
    c. dici alla persona: "*Per favore, faccia attenzione*".

4. **Sei con amici e qualcuno dice qualcosa con cui non sei d'accordo. Magari anche di offensivo. Tu:**
    a. non dici nulla. Non vuoi offendere né iniziare una discussione;
    b. dici gentilmente di non essere d'accordo;

  c. dici con fermezza di non essere d'accordo e spieghi perché si sbagliano.

5. Quanto spesso ti senti in colpa?
  a. Sempre.
  b. Solo occasionalmente.
  c. Mai.

6. Se ti chiedono un favore, quanto spesso rifiuti?
  a. Mai.
  b. Occasionalmente.
  c. Sempre.

7. Tu e un amico/partner state programmando una serata fuori. Non siete d'accordo sul posto. Come va a finire di solito?
  a. Di solito assecondo gli altri.
  b. A volte faccio quello che vogliono loro, a volte quello che voglio io.
  c. Facciamo sempre quello che voglio io.

Se le tue risposte sono generalmente "*a*", potresti essere troppo gentile. Sei riluttante o incapace di farti valere anche quando sarebbe una reazione perfettamente ragionevole. Se le tue risposte sono generalmente "*b*", potresti essere ancora un po' troppo gentile. Se le tue risposte sono tutte "*c*", certamente non sei troppo gentile, e sei già assertivo.

Si può davvero essere troppo gentili, e se sì, è un problema? Le risposte che hai dato nel test di cui sopra sono solo una guida. La domanda più significativa da porsi è: come ti fa sentire essere costantemente gentile? Se ti senti sicuro, rilassato e soddisfatto, allora chiaramente il tuo attuale livello di assertività non è un problema. Ma per molti troppa gentilezza è un problema, perché li fa sentire usati, sfruttati, risentiti e insoddisfatti.

È anche vero che le persone gentili spesso attraggono amici che si approfittano di loro. Una persona che vuole sempre fare a modo suo sarà attratta da una persona passiva. Un pigro cercherà coloro che la serviranno. Le persone costantemente gentili credono che sia fare sempre quello che vogliono gli altri a renderli simpatici. Ma non è vero.

Diamo un'occhiata al perché il desiderio di piacere è un motore così potente del comportamento umano.

Tutti vogliamo essere apprezzati

L'interazione umana è essenziale per il nostro benessere mentale e fisico. Gli esseri umani sono creature sociali, e senza interazione soffriamo. Nelle sue forme più antiche, la cooperazione nella società umana era l'unico modo per sopravvivere. Ecco perché il bisogno di interazione è cablato nel cervello umano.

Una nota storia su Federico II, imperatore del Sacro romano impero nel XIII secolo, illustra questo bisogno di interazione umana. Federico voleva intraprendere un esperimento per rispondere a una delle più importanti domande teologiche del tempo: che lingua parlavano Adamo ed Eva? Per trovare una risposta, fece allevare diversi neonati da madri adottive che si occupavano dei bisogni fisici dei bambini, ma a cui era proibito conversare con i neonati e addirittura parlargli. Il sovrano credeva che in qualche modo il linguaggio originale ispirato da Dio sarebbe sorto spontaneamente nei bambini. Invece, tutti i piccoli si indebolirono e morirono.

Può essere una storia apocrifa, ma la cui premessa è confermata da molti studi scientifici più recenti. Studi che dimostrano che le interazioni sociali, il modo in cui reagiamo alle persone intorno a noi, migliorano la capacità cognitiva e la salute mentale e fisica. Una parte significativa di queste interazioni è costituito dal desiderio di approvazione, apprezzamento e accettazione altrui. Cosa che sembra anche avere implicazioni dirette sul benessere fisico. Uno studio di nove anni condotto su migliaia di persone nella contea di Alameda, in California[1], ha scoperto che le persone con stretti legami sociali vivevano notevolmente più a lungo, anche quando avevano scelte di vita malsane che includevano fumo, obesità e mancanza di esercizio. Studi come questo confermano che tutti noi abbiamo bisogno di sentirci parte di qualcosa e accettati come parte di un gruppo sociale. Ecco perché abbiamo tutti un bisogno fondamentale di piacere.

Questo può diventare un problema se cediamo al bisogno di piacere a tutti. In termini pratici, non sarà mai possibile. Nessuna persona può piacere a tutti, e chi lotta per piacere a tutti spesso soffre di problemi di bassa autostima. Questi possono avere origine da problemi dell'infanzia o possono essere conseguenza di abusi emotivi o fisici subiti in relazioni adulte.

Come molti altri problemi relativi alla salute mentale, il bisogno di piacere diventa un problema solo quando è compulsivo. La maggior parte delle persone preferirebbe essere gradita piuttosto che antipatica. Si ha un problema quando si ha un bisogno compulsivo di piacere a tutti. Se si soffre di questo bisogno compulsivo, allora si è inevitabilmente diretti verso la delusione e il risentimento.

---

[11] Lisa F. Berkman, S. Leonard Syme, *SOCIAL NETWORKS, HOST RESISTANCE, AND MORTALITY: A NINE-YEAR FOLLOW-UP STUDY OF ALAMEDA COUNTY RESIDENTS*, American Journal of Epidemiology, febbraio 1979.

Si può anche scoprire che si sta diventando un compiacente.

Sei un compiacente?

La psicologa sociale e autrice Susan Newman, Ph.D., ha usato il termine "*people-pleaser*[2]" (*compiacente*) per descrivere chiunque abbia un bisogno compulsivo di rendere felici gli altri. I compiacenti cercano costantemente una convalida esterna. Non hanno fiducia in loro stessi e vedono la loro autostima solo se riflessa nell'approvazione altrui.

Naturalmente il desiderio di compiacere gli altri e di essere apprezzato non è di per sé dannoso. Qualsiasi relazione efficace implica la comprensione e la considerazione dei bisogni e dei sentimenti altrui. Diventa un problema solo quando il desiderio di rendere felici gli altri ci fa ignorare o trascurare i nostri bisogni e sentimenti.

Come si fa a capire se si è compiacenti?

> **Fingi mai di essere d'accordo con le persone?**
> Ascoltare è un'importante abilità sociale. Dimostrarsi educati e attenti quando un'altra persona sta parlando è un buon modo per farle sapere che si sta davvero ascoltando. Ma i compiacenti si trovano spesso a fingersi d'accordo con l'altra persona semplicemente per renderla felice.
>
> **Ti senti a disagio se qualcuno è infelice?**
> Chiunque abbia empatia e compassione si sentirà

---

[2] *The Book of No: 250 Ways to Say It—And Mean It and Stop People-Pleasing Forever*, Susan Newman, McGraw-Hill, 2005.

a disagio se un amico o un collega è infelice. I compiacenti sentono che l'infelicità dell'altra persona è in qualche modo colpa loro, sentono di esserne responsabili. Se ti senti in colpa per l'infelicità altrui anche se non ne sei tu la causa, potresti essere un compiacente.

Trovi difficile dare opinioni oneste? Tutti ci siamo trovati nella situazione in cui un amico, un partner o un collega ci chiede un consiglio. A volte sappiamo che il consiglio da dare potrebbe essere sgradito o addirittura doloroso. Cosa si fa in queste circostanze? Se credi sinceramente che la persona che ti chiede aiuto trarrà beneficio dall'ascolto di ciò che hai da dire, parlerai. Se invece sei un compiacente, dirai qualsiasi cosa sia necessaria per rendere felice la persona con cui stai parlando, invece di darle il consiglio migliore.

Adotti comportamenti inutili solo per rendere felici le altre persone? Un certo numero di studi dimostra che i compiacenti si danno a comportamenti malsani e persino distruttivi perché pensano che questo faccia sentire gli altri più a loro agio in situazioni sociali. Questa tendenza può includere una serie di comportamenti, dal bere al mangiare eccessivamente all'aggressività. Adottare questi atteggiamenti spesso fa soffrire i compiacenti, che però si sentono obbligati ad agire così perché gli altri membri del loro gruppo sociale si comportano in questo modo.

Faresti di tutto per evitare il conflitto? Un certo livello di conflitto è una parte normale dell'interazione sociale. Non ci saranno mai due persone totalmente d'accordo su tutto. Il dibattito e la discussione durante la quale si difende il proprio punto di vista è sano e produttivo. I compiacenti non la vedono in questo modo. Faranno di tutto per evitare qualsiasi tipo di conflitto. Vedono il conflitto come un sintomo di infelicità, e crederanno che sia in qualche modo colpa loro.

Sei incapaci di dire *"no"*? A nessuno piace rifiutare una richiesta di aiuto o di tempo avanzata da un amico. Tuttavia, i compiacenti sembrano congenitamente incapaci di dire *"no"* in qualsiasi circostanza. Accetteranno quasi tutto, anche se l'accordo in questione li lascerà stressati e risentiti.

Come molti altri concetti di questo libro, essere un compiacente non è una condizione "tutto o niente". Si può scoprire di essere più propensi a adottare alcuni dei comportamenti di cui sopra con un gruppo particolare o anche con una persona particolare. Forse ti ritrovi a comportarti in questo modo solo con il partner o il capo. Questa attività non è intesa come una lista di controllo con un punteggio che stabilirà se sei compiacente o meno. Ha lo scopo di farti riflettere sul tuo comportamento per vedere se ti identifichi con alcuni tratti tipici della compiacenza.

Essere compiacenti non è di per sé un problema. Tuttavia, è un forte indicatore che si possono avere problemi sottostanti di autostima nonché mancanza di assertività. Essere gentili ha un prezzo.

Essere gentili ha un prezzo

Che cosa c'è di sbagliato nell'essere compiacenti, nell'essere costantemente gentile con tutti, tutto il tempo? Esistono qui due risposte diverse, una pratica e una psicologica. Cominciamo con l'esaminare le ragioni pratiche per cui chi è compiacente con le persone generalmente non è rispettato né, addirittura, gradito.

Se sei sempre d'accordo e non dici mai niente di sgradevole, potresti pensare di renderti simpatico alla gente. Non è così. Le persone invece inizieranno rapidamente a dubitare della tua sincerità e della tua onestà. In parte perché, anche se a parole magari dici "*sono d'accordo*", il tuo linguaggio del corpo e altri segnali non verbali che fornisci inconsciamente stanno chiaramente dicendo "*non sono d'accordo*". Le persone sono particolarmente brave a captare questi messaggi non verbali, anche se in maniera non consapevole. Quando si ritrovano davanti una persona che dice una cosa ma dà messaggi che suggeriscono il contrario, è molto improbabile che non si fidino di questa persona e che non rispettino ciò che dice.

Se veicoli costantemente lodi e affermazioni positive, le tue parole si svaluteranno. Se dai risposte oneste, le persone apprezzeranno quelle positive molto di più dell'incoraggiamento blando e onnicomprensivo che ricevono da un compiacente.

Chi compiace le persone sta in realtà evitando l'intimità. Censurando attentamente tutto quello che dici per rimuovere qualsiasi cosa possa rendere infelice l'interlocutore, limiti le tue interazioni sociali al livello più superficiale. La vera intimità implica l'onestà. I compiacenti sono incapaci di essere onesti, e le loro interazioni sociali non potranno mai essere veramente soddisfacenti. Gli altri si rendono conto di questa mancanza di sincerità, e non apprezzeranno mai l'amicizia di un compiacente tanto quanto quella di una persona sincera.

Pensa a una persona compiacente di tua conoscenza. La maggior parte di noi ne conosce almeno una. Come ti senti nei suoi confronti? Ti piace passarci il tempo insieme? Non vedi l'ora di chiacchierare? O trovi le sue blande chiacchiere piuttosto noiose? Se sei uno che compiace la gente, è molto probabile che sia così che ti vedono gli altri.

Tuttavia, al di là delle reazioni negative altrui, la compiacenza comporta anche implicazioni psicologiche dirette e poco utili per te. La dissonanza tra ciò che dici e pensi veramente può portarti a sentirti un impostore. Sai che ciò che dici non è vero, ma non riesci a far valere quello che provi veramente.

Questa abitudine può portarti a una sensazione di alienazione dal tuo vero io e dai tuoi valori di vita. Il senso di autostima dei compiacenti deriva interamente dalle opinioni degli altri. Sotto sotto, sospettano di non essere simpatici. Ma combattono questa paura agendo in modi specificamente destinati a rendere gli altri come loro. Abitudine che li fa sentire simpatici. Agire così non è sano. Per essere costantemente simpatici a tutti, dobbiamo soffocare interi segmenti della nostra personalità. Non possiamo mostrare rabbia, competitività e nemmeno disaccordo, perché temiamo che questi possano renderci meno simpatici agli altri. Dobbiamo diventare così insipidi da non rischiare di offendere nessuno.

Essere costretti ad agire in modi falsi è il vero prezzo della gentilezza. Potresti trovarti limitato a relazioni superficiali e insoddisfacenti. Relazioni magari con persone che nemmeno ti piacciono, ma di cui vuoi comunque l'approvazione. Potresti trovarti ad agire e parlare in modi discordanti con i tuoi valori interiori. Potresti sentirti risentito e frustrato.

La buona notizia è che non è necessario continuare così. Imparando a diventare più assertivi, si può migliorare la propria salute mentale e avere relazioni significative. Ma prima di iniziare a parlare di come diventare più assertivi, dobbiamo fermarci un momento. Pensiamo ai diritti di base che abbiamo e che forse abbiamo perso di vista nella nostra costante ricerca della gentilezza.

Hai il diritto di prenderti cura di te stesso

Quasi tutti noi ci sforziamo di essere gentili, consciamente o inconsciamente. Lo facciamo anche se spesso non ci è chiaro cosa signifìchi "gentile". Siamo semplicemente condizionati dalla società ad agire in modi che sostengono i bisogni degli altri ignorando i nostri. Questo capitolo è dedicato alla comprensione delle ragioni per cui questo desiderio può essere controproducente o addirittura malsano.

C'è un'altra cosa importante da prendere qui in considerazione: hai il diritto di prenderti cura di te stesso.

È stato persino detto che ognuno di noi ha non solo il diritto, ma anche la responsabilità di prendersi cura di se stesso. Kristi Ling, scrittrice, esperta di felicità e autrice del bestseller *Operation Happiness*, nota:

> *"Prendersi cura del proprio corpo, della propria mente e del proprio spirito è la maggiore e più grande responsabilità di ciascuno".*

Pensa agli avvisi sulla sicurezza che vedi in aereo. Quelli che ti dicono di mettere la mascherina dell'ossigeno prima di cercare di aiutare qualcun altro. Può sembrare egoista, ma è davvero il modo migliore di agire. Se ignori le istruzioni e cerchi di aiutare mettendo la mascherina prima agli altri, potresti diventare incapace. Allora non saresti in grado di aiutare proprio nessuno, e soffrirete entrambi.

E se anche la vita quotidiana avesse uno di quei cartelli? Se passi tutto il tempo a cercare di compiacere gli altri e ignori i tuoi bisogni, quasi certamente finirai per essere abbattuto, risentito, colpevole e forse anche depresso. Non ha più senso occuparsi prima dei propri bisogni, cosa che ti renderà più forte, più resistente e più capace di occuparti efficacemente degli altri? Prendersi cura dei propri bisogni (e l'assertività sta tutta qui) aiuta te e tutti quelli che ti circondano.

Torneremo più tardi su ognuno di questi aspetti in modo più dettagliato, ma per il momento considera questi diritti di base propri di ognuno di noi.

Hai il diritto di essere felice. I saggi che crearono la dichiarazione su cui furono fondati gli Stati Uniti vi inserirono tre diritti inerenti e inalienabili: *"La conservazione della vita, la libertà e la ricerca della felicità"*. Tutti diritti che si applicano a te. Hai il diritto di perseguire la felicità. Non è egoistico, malvagio né autoindulgente. In parte è ciò che ci definisce come esseri umani. Capire cosa ti rende felice e affermare il tuo diritto a esso è in parte ciò di cui tratta questo libro.

Hai il diritto di dire "no". Tutti noi abbiamo vite impegnate, in cui ci destreggiamo tra richieste contrastanti di tempo ed energia. Queste richieste possono lasciarci esausti e insoddisfatti. Devi riconoscere di avere il diritto di prenderti cura di te stesso e di non poter fare tutto per tutti. Ciò significa che devi imparare a dire *"no"* ad alcune di queste richieste che ti rubano tempo. È difficile. Molti di noi trovano estremamente difficile dire "no". Cerca di capire che è necessario, e che imparare a farlo è un passo essenziale per imparare a essere assertivi.

Non giudicare la tua vita secondo gli standard altrui. Ognuno ha esigenze e obiettivi diversi. Questo significa che le persone hanno giudizi molto diversi su ciò che costituisce il successo e la realizzazione personale nella vita. Se passi troppo tempo ad ascoltare ciò che gli altri si aspettano, potresti perdere il contatto con ciò che conta davvero per te. Non lasciare che accada. Resta concentrato sugli obiettivi che contano per te e impara a ignorare le persone che ti giudicano secondo standard diversi.

Non giustificare il tuo comportamento. Una cosa che imparerai in questo libro è riconoscere ciò che è importante per te. Naturalmente ci saranno sempre altri elementi che competono per avere il tuo tempo e la tua attenzione. Ma se giocare a golf o trascorrere del tempo col gatto sono cose che ti fanno sentire bene, non devi trovare scuse per inserire queste attività nel tuo programma.

Sei una persona gentile. Ti piace rendere tutti felici. Aiuti chiunque te lo chieda. Se questo ti descrive, le quattro affermazioni precedenti probabilmente ti fanno sentire a disagio, specialmente la prima. La tua felicità potrebbe non essere qualcosa su cui ti concentri di solito. Ma questa situazione deve cambiare. Devi prenderti cura di te stesso, capire i tuoi bisogni e imparare a farti valere per soddisfarli.

Naturalmente, c'è anche un importante corollario. Anche le altre persone hanno questi stessi diritti.
Fortunatamente, essere assertivi non significa ignorare bisogni e sentimenti altrui. Al contrario, significa tenerli in considerazione, ma senza permettere loro di avere sempre la priorità sui tuoi diritti. Si può essere gentili anche mentre si è assertivi. Anzi: imparare ad affermare se stessi può contribuire a renderti ancora più simpatico di quanto tu non sia ora!

Capitolo 2: cos'è l'assertività?

Cosa intendiamo per "assertivo"?

Prima di proseguire, vale la pena prendersi un momento per spiegare esattamente cosa si intende per "*assertività*".

Imparare a essere assertivi non significa ottenere automaticamente tutto ciò che si vuole. Anche gli altri hanno il diritto di essere assertivi, e potrebbero non avere gli stessi tuoi bisogni e obiettivi. Imparare a essere assertivi non è una tecnica segreta che ti renderà ricco e di successo. Dovrai comunque essere pronto a cooperare e negoziare con le altre persone per trovare un modo di procedere che soddisfi tutti.

Imparare a essere assertivi significa capire e riconoscere i propri bisogni e sentimenti ed essere in grado di comunicarli senza aggressività. Significa imparare a difendere i propri diritti rispettando quelli degli altri. Comporta relazioni più profonde e soddisfacenti e una visione del mondo finalmente più positiva.

Imparando a diventare assertivo non otterrai sempre ciò che vuoi, ma migliorerai l'immagine che hai di te e l'autostima, e sarai in grado di trattare le altre persone in modo rispettoso.

Si può essere gentili e assertivi nello stesso momento?

In teoria, tutti apprezziamo la qualità chiamata "gentilezza". Apprezziamo le persone gentili, e noi stessi generalmente ci sforziamo di comportarci allo stesso modo con gli altri. Essere gentili è generalmente visto come qualcosa di ammirevole, e forse ti preoccupa l'idea di dover rinunciare alla gentilezza per l'assertività.

La gentilezza è una cosa bella, ma uno dei problemi è che "bello" rientra fra i termini che hanno significati diversi per persone diverse. Il cristianesimo è una delle forze più importanti che ha plasmato il pensiero del mondo occidentale. Ha anche aiutato a definire ciò che la maggior parte delle persone interpreta come gentilezza. Vediamo alcune delle ragioni per cui simpatico e assertivo sono molto diversi, ma anche perché l'assertività non è necessariamente l'opposto di simpatico.

> **Le persone gentili non hanno successo.** In generale, il cristianesimo moderno si basa su principi che includono il perdono, la compassione e la carità. Tutte belle qualità. Sono ciò che la maggior parte della gente considera bello. Tuttavia, l'insegnamento cristiano è arrivato a equiparare la qualità della gentilezza all'opposto del successo. Per avere successo non si poteva essere gentili e, viceversa, le persone gentili non avevano successo. Il perseguimento del successo nelle ambizioni mondane, per esempio, veniva visto come l'antitesi della gentilezza. L'assertività consiste in parte nell'imparare a ottenere ciò che si vuole, e per questo motivo può anche essere

vista come l'opposto della gentilezza. Ma non è vero. L'assertività è assolutamente compatibile con qualità come il rispetto per gli altri, la compassione e l'empatia. Le persone assertive hanno maggiori probabilità di successo, ma questo non significa che debbano essere cattive. Si può avere successo ed essere gentili allo stesso tempo.

Le persone gentili sono miti. La Bibbia ci dice: "*Beati i miti, perché erediteranno la terra*" (Matteo 5:5). La mitezza è spesso citata come una qualità ammirevole nella Bibbia, ma che cos'è? Almeno un dizionario attuale definisce il mite anche come "*remissivo*"[3]. Vuol dire che bisogna essere timorosi e sottomessi per essere gentili? No! L'uso biblico originale della parola si basava su un significato abbastanza diverso. Includeva la compassione, ma anche una ferma adesione a una linea d'azione, pure di fronte alle avversità. Questo significato originale di mite è compatibilissimo con l'assertività. Il significato moderno di mite, che implica passività, invece no.

Le persone carine sono noiose. Questa idea proviene da un percorso abbastanza diverso: il movimento romantico ottocentesco. Poeti come Byron e Shelly e scrittori come Sir Walter Scott hanno prodotto una serie di opere popolari che

---

[3] Definizione dal *Dizionario italiano* online (https://www.dizionario-italiano.it/dizionario-italiano.php?parola=mite), il 20 maggio 2021.

hanno introdotto il concetto di "eroe romantico".
Opere in cui si sottolineava anche che le persone
interessanti ed eccitanti sono spontanee,
emotive, tormentate, imprevedibili e mutevoli.
Questo movimento ha avuto un'enorme influenza
su ogni aspetto delle arti creative, che persiste
fino ai giorni nostri. Come conferma, prova a
nominare un solo protagonista cinematografico o
televisivo che non sia un classico eroe romantico,
tormentato e ribelle. Ce ne sono pochissimi!
L'opposto dell'eroe romantico è la persona ferma,
affidabile, tranquilla e coerente. Il romanticismo
ci dice che le persone così sono noiose.
Chiaramente, non è vero. Pensa a qualcuno che
conosci e che descriveresti come "assertivo". È
noioso? No!

Si può essere sia gentili sia assertivi? Se si usa il termine
gentile per incarnare connotazioni positive come
compassione, onestà, persistenza ed empatia, ecco che la
gentilezza è sicuramente compatibile con l'assertività.

Parte del problema è che la stessa parola assertività ha
guadagnato alcune connotazioni negative. Molte persone
la prendono come sinonimo di aggressività, prepotenza o
semplicemente come un sinonimo di egoismo. Non è così.
L'assertività consiste nell'imparare a rimanere fedeli alle
proprie convinzioni interiori e nel capire come
comunicare onestamente senza alienarsi o turbare le altre
persone.

Assertivo non è uguale ad aggressivo

Uno degli equivoci più comuni sull'assertività è che sia la stessa cosa dell'aggressività. È facile capirne le ragioni. Entrambi gli atteggiamenti implicano l'esposizione chiara dei propri bisogni e il tentativo di raggiungere i propri obiettivi. Tuttavia, c'è una differenza fondamentale ed essenziale.

- **Aggressività significa perseguire i propri obiettivi senza considerare gli altri.** Le persone aggressive ignorano completamente il punto di vista dell'altro oppure sono sprezzanti, irrispettose o addirittura abusive nei confronti altrui. L'aggressività può alienarsi le altre persone e aumentare lo stress in qualsiasi situazione. Gli studi dimostrano[4] che le persone che si comportano in modo aggressivo hanno una maggiore incidenza di relazioni fallite e meno supporto nei gruppi sociali e professionali. È interessante notare che gli stessi studi dimostrano che le persone aggressive provano più stress. Spesso non capiscono l'effetto che la loro aggressività ha sugli altri e restano sorprese dalle reazioni negative. Possono reagire con vittimismo, atteggiamento che può farle agire in modo ancor più aggressivo.

---

[4] *Who's Stressed? Distributions of Psychological Stress in the United States in Probability Samples from 1983, 2006, and 2009*, Sheldon Cohen, *Journal of Applied Social Psychology*, Volume 42, Issue 6, June 2012.

- **Assertività significa affermare chiaramente le proprie opinioni rispettando quelle degli altri.**
  Assertività significa cercare un compromesso dove necessario e ascoltare le altre persone. Significa cercare soluzioni positive per tutti, non solo situazioni in cui si prevale. Forse sorprendentemente, gli studi dimostrano che le persone che hanno imparato a essere assertive tendono a soffrire meno lo stress, hanno meno conflitti nella loro vita e soffrono meno fallimenti nelle relazioni[5].

L'assertività è una qualità utile e positiva, mentre l'aggressività no. L'assertività è radicata nel rispetto degli altri, mentre l'aggressività è negativa, divisiva e combattiva.

Prendi in considerazione una situazione in cui ti sei ritrovato coinvolto in una discussione in cui c'è stata una differenza di opinione, o magari anche uno scontro. Può trattarsi di una situazione di lavoro o di un conflitto personale. Cos'hai detto? I seguenti sono esempi di affermazioni aggressive possibili:

- sbagli;
- non sai di cosa parli;
- sei stupido;
- se avessimo fatto come ho suggerito io, avrebbe funzionato;
- è colpa tua;

---

[5] *Finding your voice: Reclaiming personal power through communication*, Jane Downing, Allen & Unwin, 1995.

- non capisci.

Ciò che tutte queste affermazioni hanno in comune è l'attacco rivolto a un'altra persona e il tentativo di attribuire colpe. Sono personali e implicano la ragione tua e il torto altrui. Sono tutte egocentriche e non tengono conto delle opinioni né dei sentimenti dell'altro. Una persona aggressiva è rumorosa e provocatoria, e userà spesso un intenso contatto visivo. Di solito sono anche pessimi ascoltatori; spesso interrompono, criticano e umiliano gli altri. Naturalmente questo comportamento genera risposte estremamente negative nelle persone che sono costrette a interagire con loro. È un comportamento che tende a far degenerare qualsiasi conflitto.

Al contrario, le seguenti affermazioni sono assertive:

- cos'abbiamo imparato da questo?
- quali risultati positivi possiamo trarre da questo?
- la prossima volta potremmo...
- cosa pensi che dovremmo fare?
- è stata colpa mia.

Tutte queste affermazioni sottolineano il collettivo. Parlano di "noi" piuttosto che di "io". Tengono conto del punto di vista degli altri, pur cercando soluzioni. Non tentano di attribuire colpe, ma di trovare qualcosa di positivo da ricavare dalla situazione. L'ultima affermazione è particolarmente interessante. In superficie, ammettere la propria colpa non suona affatto assertivo. Anzi, sembra passivo. Tuttavia la capacità di riconoscere e ammettere di aver commesso un errore richiede una grande fiducia in se stessi. Questo atteggiamento è anche una parte importante dell'auto-miglioramento. Se si sente di non aver nulla da imparare, non si può migliorare. Errori e fallimenti forniscono alcune delle migliori opportunità di apprendimento. Le persone assertive possono ammettere di commettere errori senza perdere il rispetto. Le persone aggressive non ammetteranno mai di aver commesso errori, e cercheranno sempre di biasimare gli altri. Le persone aggressive non imparano dagli errori.

Speriamo che ora tu veda chiaramente la differenza tra aggressività e assertività. Mentre ti sforzi di costruire la tua assertività, devi evitare di scivolare nell'aggressività. Per capire la differenza, chiediti se le tue azioni migliorano la situazione e portano a delle soluzioni. Se lo fanno, probabilmente sei assertivo. Se le tue azioni servono a incolpare gli altri, a farti fare bella figura e a rendere infelici le altre persone, probabilmente sei aggressivo.

Dovresti evitare l'aggressività anche perché è controproducente. Le persone aggressive, che usano tattiche prepotenti, possono dare l'idea di ottenere ciò che vogliono, ma usano una strategia raramente sostenibile a lungo termine. L'aggressività provoca risposte negative. Nessuno vuole passare del tempo con una persona aggressiva, e queste persone spesso finiscono per essere escluse e ignorate. Anche le persone assertive sono in grado di raggiungere i propri obiettivi, ma senza alienarsi gli altri.

L'assertività è positiva e incentrata sulla soluzione, e richiede rispetto. L'aggressività è negativa. È spesso radicata nell'insicurezza e nell'ansia, e porta all'antipatia e all'evitamento. Cerca di riconoscerne la differenza e valuta continuamente il tuo comportamento per proteggerti dall'aggressività.

I benefici dell'assertività

Esiste tutta una serie di benefici riconosciuti che derivano dall'imparare a essere assertivi. Vediamone quattro fra i più importanti.

>**Una migliore immagine di sé.** L'immagine di sé è un concetto importante per il benessere mentale. Comprende la visione fisica di se stessi, ciò che si vede quando ci si guarda allo specchio. Ma riguarda anche come ci si immagina nella propria testa. Ecco una definizione dell'immagine di sé:
>
>> *"L'immagine di sé è come ci si percepisce. Si tratta di una serie di impressioni di sé accumulatesi nel tempo. Queste immagini di sé possono essere incredibilmente positive, dando a una persona fiducia nei propri pensieri e azioni, o negative, che quindi rendono una persona dubbiosa delle proprie capacità e idee.[6]"*
>
>L'immagine di sé spesso implica il confronto con altre persone. Valutiamo la nostra attrattiva e il nostro successo percepiti guardando gli altri. Questo confronto può essere sbilanciato dall'aggressività, che ci porta a vedere tutti come inferiori a noi, o dalla passività, che invece ci porta a vedere tutti gli altri come superiori a noi. Nessuno dei due atteggiamenti è utile o sano.

---

[6] *Mountain State Centers for Independent Living*, website http://mtstcil.org/

L'assertività permette di comunicare i propri bisogni e le proprie preferenze, ma incoraggia anche a considerare gli stessi sentimenti negli altri. Questo aiuta a vedere che i bisogni degli altri sono diversi dai nostri. Capacità che, a sua volta, aiuta ad accettare di non poter sempre compiacere gli altri, e che i tuoi bisogni sono rilevanti e importanti. Questo porta a un'immagine di sé più equilibrata.

Un miglioramento dell'autostima. L'immagine di sé è come ci vediamo. L'autostima riguarda come ci sentiamo riguardo a quell'immagine. L'autostima riguarda il rispetto che abbiamo per noi stessi e quanto apprezziamo i nostri sentimenti e le nostre opinioni. L'assertività ci insegna che abbiamo diritto a questi sentimenti, e ci mostra come esprimerli. L'assertività ci porta anche a capire che le nostre opinioni hanno valore anche se qualcun altro non è d'accordo.

I compiacenti hanno un'autostima così bassa che hanno paura di esprimere opinioni. Questa paura è in parte dovuta alla preoccupazione che dire come si sentono possa rendere gli altri infelici. In parte è perché sentono che ciò che provano non ha valore e non vale la pena di essere espresso. Imparare a essere assertivi aumenta l'autostima.

Una migliore comprensione delle altre persone. I compiacenti hanno pochissima comprensione reale dei bisogni o dei sentimenti degli altri. Le loro interazioni sono superficiali e basate solo su una risposta che rende felice l'altra persona. Generalmente questo si traduce nel dimostrarsi d'accordo, e non nel cercare una profonda comprensione di ciò che quella persona sta provando.

Le persone assertive, semplicemente, non sono sempre d'accordo. Anche se possono essere di supporto, possono mettere in discussione le convinzioni e suggerire comportamenti alternativi. Le persone assertive capiscono anche che gli altri possono avere opinioni diverse e possono fare scelte consapevoli sui sentimenti. Le persone assertive tendono ad avere una migliore comprensione dei propri sentimenti, cosa che le rende più capaci di riconoscere e capire quelli degli altri. Le persone assertive hanno generalmente una maggiore possibilità di sviluppare relazioni oneste e di sostegno reciproco.

Un'energia migliorata. Le persone aggressive vedono gli altri come una minaccia e sprecano tempo ed energia in conflitti inutili. Le persone passive evitano tutti i conflitti, ma spesso buttano il tempo nei sensi di colpa. Entrambi questi atteggiamenti risucchiano energia mentale che potrebbe essere meglio spesa in azioni positive.

Le persone assertive sono focalizzate sulla soluzione. Sanno cosa vogliono e sanno come comunicare questo bisogno. Tuttavia non vedono le differenze di opinione, e nemmeno il conflitto, come un attacco personale, e cercano la risoluzione attraverso l'azione. Essere troppo passivi o aggressivi fa sprecare energia mentale nella lotta a problemi immaginari. Essere assertivi aiuta a vedere e a concentrarsi su ciò che conta davvero, e a spendere saggiamente la propria energia.

Una volta capito cos'è l'assertività, si possono vedere i benefici che porta. Tuttavia, molte persone reagiscono a questa conoscenza quasi con disperazione. Ne vedono i benefici, ma semplicemente non sono assertivi! Sentono di essere nate passive e che non c'è niente che possano fare. Fortunatamente, non è che un malinteso. L'assertività comprende un insieme di abilità che chiunque può imparare.

L'assertività come abilità appresa

Molte persone rifiutano l'idea di imparare a diventare più assertivi sostenendo di essere passivi o aggressivi per natura. Nella seconda parte di questo libro ti forniremo abilità e tecniche da usare per aumentare l'assertività. La cosa importante da accettare in questa fase è che come sei al momento non è fisso e innato.

Che tu sia passivo o aggressivo, non sei nato così. Hai appreso questo comportamento. Gli esseri umani sono cablati con un bisogno di accettazione sociale. Nei primi giorni della razza umana questo bisogno era essenziale. Da soli non era possibile costruire un riparo, trovare cibo sufficiente o cacciare. Solo come parte di un gruppo le persone potevano sopravvivere. Non combattiamo più contro le tigri dai denti a sciabola né ci preoccupiamo della sopravvivenza quotidiana. Tuttavia, il nostro bisogno di essere accettati da un gruppo è altrettanto forte.

Nessun bambino nasce aggressivo o passivo. Sono comportamenti che impariamo man mano che cresciamo e che cerchiamo di ingraziarci un gruppo. Alcuni bambini imparano a maltrattare chi li circonda, mentre altri si sottomettono nella speranza che questo li renda simpatici al gruppo. Nessuna delle due è una buona strategia a lungo termine, ma sembrano offrire un accesso immediato a un gruppo.

Man mano che cresciamo, questi sentimenti si rafforzano. Sentiamo ancora il bisogno di essere accettati da colleghi, amici e partner. Molte persone rimangono bloccate nello stesso modo di fare, o con l'aggressione o con la sottomissione. Tuttavia, l'accesso a gruppi sociali più grandi e complessi rende queste tecniche meno efficaci. Un bullo aggressivo può essere in grado di far fare agli altri bambini quello che vuole al parco giochi, ma lo stesso approccio non funzionerà bene in un ambiente adulto.

Quindi, quando affermi di essere passivo per natura, non è vero. È una tecnica imparata nel tempo come strategia per permetterti di andare d'accordo con le altre persone. La tua immagine di te si è distorta. Proprio come esistono disturbi mentali relativi al modo in cui vediamo il nostro io fisico, come il disturbo da dismorfismo corporeo, esistono distorsioni nel modo in cui percepiamo il nostro valore e la nostra importanza.

Diventare assertivi significa affrontare queste distorsioni dell'immagine di sé e imparare ad accettare che i propri bisogni e sentimenti hanno valore e importanza. Usare le tecniche di assertività può effettivamente aiutare a superare queste distorsioni. Riconoscendo i tuoi sentimenti e comunicandoli agli altri puoi sviluppare nuovi percorsi mentali o nuovi modi di pensare positivi e utili.

Se senti che ti manca l'assertività, accetta che questa carenza non è un aspetto fisso della tua personalità. Hai imparato a essere così. Fortunatamente, puoi anche disimparare. Non sarà facile e ci vorrà del tempo, ma puoi cambiare il modo in cui pensi e ti comporti per diventare più assertivo.

Capitolo 3: le tue convinzioni ti stanno danneggiando?

Tutti noi abbiamo delle convinzioni che governano il nostro comportamento. In gran parte sono risposte automatiche e abituali alle circostanze, e spesso non siamo nemmeno consapevoli che particolari convinzioni ci facciano agire in certi modi. A volte possono essere *tossiche* convinzioni autolimitanti e autodistruttive che minano ciò che stiamo cercando di ottenere.

In questo capitolo esamineremo alcune delle credenze più tossiche. Nella lettura, chiediti se si applicano a te. Più avanti forniremo tecniche e approcci specifici per affrontare questi problemi.

Il bisogno di compiacere

Insegniamo ai bambini l'importanza di condividere e di prendere in considerazione i bisogni degli altri. Imparare la compassione e la generosità è una parte importante dello sviluppo di una persona, ma a volte questo insegnamento può portare alla convinzione che sia egoistico dare valore ai propri bisogni. Può anche portare a basare la propria immagine di sé e la propria autostima interamente sul soddisfacimento degli altri.

Siamo creature sociali, e imparare a preoccuparsi delle altre persone è importante. Ma se diventa dominante, il bisogno di compiacere può distorcere il nostro pensiero e portare a vedere tutto ciò che facciamo in termini di come influisce sulle altre persone, non di ciò che fa per noi.

In casi estremi, le persone che soffrono di questo pensiero distorto si sentono responsabili della felicità altrui. Se qualcuno è infelice, queste persone si sentono in colpa perché si credono in qualche modo responsabili di questa infelicità. Questo senso di colpa può essere un potente motore di comportamento anche quando non è basato su nessuna realtà oggettiva. Se combinato con un ulteriore senso di colpa quando occasionalmente ci si mette al primo posto, questo stress può portare a problemi di salute mentale.

Le persone affette da un estremo bisogno di compiacere tendono anche ad avere cattive relazioni. Le relazioni normali e sane implicano dare e avere da entrambe le parti. Le persone che compiacciono sono completamente impegnate a garantire la felicità dell'altra persona. Questo approccio potrebbe sembrare funzionale, ma non funziona quasi mai. L'altra persona coinvolta nella relazione di solito arriva a considerare la sottomissione e il bisogno di compiacere una routine. Raramente rispetterà l'altro, e generalmente non sarà grata per i tentativi di compiacere perché se li aspetta. La persona che compiace si risentirà spesso perché i suoi atti di gentilezza non sembrano essere riconosciuti, e può sentirsi in colpa per questo risentimento. La relazione stessa non sarà mai più che superficiale, perché il compiacente non potrà mai essere onesto per paura che questo possa causare l'infelicità dell'altro.

Volere che le persone significative della nostra vita siano felici è normale e positivo. Sentirsi completamente responsabili della situazione e ignorare i propri bisogni è distruttivo. Portato agli estremi, il bisogno di compiacere può essere uno dei più dannosi e limitanti di tutte le convinzioni tossiche.

Insicurezza e dubbi su se stessi

Molti soffrono di una scarsa immagine di sé e di una bassa autostima. Questi sentimenti hanno molte radici nelle esperienze infantili e nelle prime relazioni adulte, ma possono minare quasi tutto ciò che si fa.

Se senti di non essere degno d'amore, di rispetto o persino di essere gradito, sarai costantemente alla ricerca di segni di rifiuto. Per evitare la possibilità di un rifiuto, ti comporterai in modo da non rendere mai infelici le altre persone. Credi che l'unico modo per essere certo di piacere sia compiacere costantemente.

Non ti senti mai in grado di affermarti perché questa apertura potrebbe turbare le altre persone. E, se non sono felici, senti che è più probabile che ti rifiutino. Ti sottometti completamente perché questo sembra essere l'unico modo per continuare a ricevere amore e affetto.

Le persone che soffrono di dubbi e insicurezza sono incapaci di godere di relazioni normali e sane. Sono costantemente attente a segnali di rifiuto o disapprovazione e li vedono ovunque, anche nei commenti e nelle azioni più innocue. Rimuginano e si sottomettono ancora di più nel tentativo di rendersi indispensabili all'altro. Sono queste le persone a cui ci riferiamo quando usiamo termini come *"appiccicoso"*.

Le persone insicure sono emotivamente bisognose e necessitano di rassicurazioni costanti. Quelle richieste diventano una prova, e la loro riluttanza alla sincerità limita le loro relazioni al livello più superficiale. L'insicurezza e il dubbio di sé possono minare qualsiasi relazione.

Il bisogno di essere buoni

Da bambini ci viene insegnato che essere "buoni" è una parte centrale di come siamo considerati e apprezzati dagli altri. Non c'è lode più grande per un bambino piccolo che sentirsi dire che è stato bravo. Essere buoni significa generalmente compiacere gli altri facendo ciò che ci viene detto e dimostrando generosità e compassione per i sentimenti altrui.

Tutte qualità positive, che hanno un gran ruolo quando si sta imparando a superare l'innato egoismo dei piccoli. Tuttavia queste convinzioni possono essere distorte se qualsiasi attenzione su di sé viene equiparata al "male".

Quando questo accade, emerge la convinzione che l'unico modo per essere una buona persona sia compiacere. Questa convinzione porta alla presunzione che dimostrandosi altruisti tutto il tempo e ignorando completamente i propri sentimenti per concentrarsi sui bisogni degli altri si faccia del bene. Se poi ti senti in colpa quando accetti e agisci secondo i tuoi bisogni, rischi di sviluppare una visione molto distorta del mondo e del posto che occupi in esso.

I tuoi bisogni e i tuoi sentimenti sono reali. Hai il diritto di cercare la felicità tentando di soddisfarli. Ignorare completamente questi sentimenti non fa di te una brava persona. Al contrario: ti rende una persona che ha completamente perso il contatto con le sue vere convinzioni fondamentali. Un certo grado di considerazione di sé e di interesse personale non è solo normale, ma è una parte centrale del benessere mentale.

Paura del confronto e sottomissione

Poche persone apprezzano il conflitto, ma per alcuni la paura di qualsiasi forma di confronto può diventare tanto paralizzante da inibire tutto ciò che fanno. Ci sono molte ragioni alla base di questo atteggiamento, e vanno dalle esperienze infantili alle relazioni passate, alla paura di far arrabbiare le persone o alla sensazione che la propria opinione non valga nulla. Qualunque ne sia la causa, se la paura del confronto viene lasciata crescere incontrollata può diventare un grosso problema.

Confronto non significa necessariamente lotta o disaccordo. Per alcune persone qualsiasi conversazione che coinvolge livelli elevati di emozione può sembrare uno scontro. Vedono l'emozione sollevata come un rischio di rabbia, infelicità e rifiuto.

Se la cavano facendo tutto il necessario per evitare il confronto. Non appena qualcuno manifesta il primo segnale emotivo, si sottomettono e fanno tutto il possibile per riportare la calma. Il problema è che, per quanto accondiscendenti e sottomessi ci si renda, un certo livello di confronto è inevitabile. Gli esseri umani sono individui con bisogni, motivazioni e desideri propri. Queste differenze rendono certo un determinato livello di confronto sia nell'ambiente personale sia in quello lavorativo.

Non puoi sottometterti così tanto da riuscire a evitare il confronto con tutti per tutto il tempo. Un certo livello di disaccordo e di conflitto fa parte delle normali interazioni sociali. Se non impari a sviluppare delle strategie per affrontarlo, soffrirai di ansia e stress costanti.

Essere assertivi è brutto!

Un ostacolo significativo che impedisce alle persone di provare a diventare più assertive è l'idea che questa qualità sia in qualche modo sgradevole. Pensano che sia noncurante e scortese dire ciò che si vuole e assolutamente egoista cercare di ottenerlo.

Dato che hai letto fin qui, ormai dovresti aver capito che sono falsità. Assertività significa imparare a valorizzare e comunicare i propri sentimenti e le proprie esigenze, ma adottare questo approccio non implica affatto ignorare i sentimenti di chiunque altro intorno a noi. La vita è fatta di compromessi, e l'assertività ti dà le abilità e le tecniche per assicurarti di affrontare tutto ciò che fai in modo equilibrato e positivo.

Non è sbagliato tenere in considerazione i propri sentimenti. Essere una persona equilibrata e capace inizia con l'essere pienamente in contatto con le proprie convinzioni fondamentali. Così facendo avrai concentrazione e degli obiettivi verso cui lavorare. Senza questi obiettivi, sarai smarrito e alla deriva in un mondo di incertezza e insicurezza. Con obiettivi chiari, saprai chi sei e cosa ti rende felice.

Essere assertivi non è brutto. Si tratta di scoprire chi sei e di imparare a esprimere questi valori in modi che gli altri capiscano e rispettino. Il desiderio di aiutare e sostenere gli altri non è incompatibile con l'assertività. Diventare assertivi ti renderà una persona più felice e più completa. A lungo andare diventerai più, e non meno, disponibile e capace di aiutare gli altri.

Non è colpa mia!
Esiste una credenza tossica molto diffusa. È la sensazione che gli altri siano responsabili della nostra felicità. Non è vero. Un elemento fondamentale dell'assertività e della buona salute mentale è accettare che solo tu sei responsabile della tua felicità.

La felicità è un'emozione. Non è semplicemente una reazione a eventi esterni. Si basa sulla tua percezione di quegli eventi. Nessun'altra persona può cambiare quella percezione per te o renderla migliore. "*Trova qualcuno che ti renda felice*" è un consiglio comune, ma fondamentalmente sbagliato. Le altre persone non possono renderti felice, ma infelice sì!

La felicità esiste solo nella tua mente. Generalmente proviene da azioni ed esperienze allineate ai tuoi valori interiori. Quando trovi quali esperienze ti rendono felice, puoi essere abbastanza fortunato da trovare un'altra persona che condivide gli stessi valori e che è resa felice dalle stesse esperienze. Questi sentimenti condivisi sono una forte base per qualsiasi amicizia o relazione.

Il tuo rapporto con le altre persone si basa sul tuo rapporto con te stesso. Se ti senti risentito, colpevole, insicuro o ansioso, questi sentimenti saranno proiettati in tutte le tue relazioni. Se ti senti soddisfatto di te stesso e capisci cosa ti rende veramente felice, sarai molto più capace di instaurare relazioni soddisfacenti. La felicità non è solo una vaga aspirazione. È il fondamento di una vita appagante. Cercare la felicità è una scelta che fai tu. Prenditi la responsabilità di questa scelta.

Capitolo 4: il comportamento degli altri ti sta danneggiando?

Nell'ultimo capitolo abbiamo visto come alcune delle nostre convinzioni possono influenzare la nostra capacità di vivere una vita soddisfacente e di avere relazioni appaganti. Avere convinzioni positive su se stessi è importante, ma il lavoro e le relazioni personali coinvolgono altre persone, le cui convinzioni personali possono a loro volta avere un impatto significativo su come ci si sente.

In questo capitolo esamineremo alcuni comportamenti comuni ma inutili che si possono incontrare in altre persone. Vedrai che più soffri delle convinzioni tossiche descritte nel capitolo precedente, più sei vulnerabile al comportamento manipolatorio degli altri. Più avanti ti diremo come affrontare questi comportamenti, ma per il momento leggi il capitolo e vedi se riesci a identificare qualcuno di questi tratti nelle persone che conosci.

Manipolazione del senso di colpa

Alcuni sono veri e propri esperti nello sfruttamento del nostro senso di colpa e nell'utilizzo di questa emozione per farci fare ciò che vogliono. Questo utilizzo del senso di colpa, chiamato in inglese *guilt-tripping*, è noto come una forma di manipolazione emotiva. Alcuni psicologi vanno oltre, e lo identificano come una forma di bullismo o addirittura di abuso. Come capire quando qualcuno sta usando il senso di colpa per manipolarti?

Cominciamo a definire cosa intendiamo per senso di colpa. Le parole "*colpa*" e "*vergogna*" vengono spesso usate in modo intercambiabile nelle conversazioni, ma nella terminologia psicologica sono diverse. La vergogna è una reazione interna basata sul fatto di non essere riusciti a conformarci alla nostra immagine di noi stessi. Il senso di colpa è il rimpianto per il modo in cui abbiamo trattato qualcun altro. Immagina di essere a un incontro sociale e di dire qualcosa di deliberatamente offensivo a qualcuno. Potresti provare vergogna perché ti piace immaginare di non essere il tipo di persona che agisce così. Ti senti pure in colpa per il dolore causato all'altra persona. La vergogna si basa interamente sui nostri valori interiori, che possono non essere immediatamente evidenti a terzi. Il senso di colpa è più facile da manipolare, perché nasce da circostanze esterne.

Nell'esempio di cui sopra, è normale sentirsi in colpa per aver ferito qualcun altro. Questo sentimento non è causato dalla manipolazione. C'è manipolazione quando qualcuno cerca di farti sentire in colpa per una cosa che in realtà non dipende da te. Cerca di generare un falso senso di colpa per farti sentire responsabile sia per come si sente questo qualcuno sia per sentirsi lui stesso più felice. Questa strategia è più efficace quando il manipolatore è emotivamente vicino a te, un amico o un parente per esempio. Diverse sono le tecniche usate per manipolare il senso di colpa.

La tattica più comune è che un'altra persona cerchi di farti sentire responsabile della sua infelicità. Devi chiederti se le tue azioni (o inazioni) sono responsabili di ciò che prova quella persona. In caso affermativo, allora sentirsi in colpa è una risposta ragionevole. Tuttavia, se la sua infelicità non è dovuta a qualcosa che hai fatto tu, il manipolatore può comunque cercare di provocare sentimenti di colpa per farti fare quello che vuole lui. Il tutto è più efficace se sei una persona compiacente e che si considera responsabile della felicità di tutti. Questi "accusatori" sono molto bravi a identificare e prendere di mira i compiacenti. Fai un passo indietro e osserva la situazione. Sei responsabile dell'infelicità di quella persona? In caso negativo, sceglierai di aiutarla? Se sì, va bene, purché tu sia certo di non essere manipolato da un falso senso di colpa.

Un'altra tattica comune consiste nell'usare questa frase: "*Ricorda cosa ho fatto per te!*" In questa situazione, il manipolatore farà riferimento a eventi passati in cui ti ha prestato aiuto. Aiuto che può essere reale o immaginario; in superficie, questa è una tattica difficile a cui resistere. Sembra perfettamente ragionevole che la persona ti stia ricordando un evento passato rendendo chiaro che si aspetta che tu restituisca il favore. Ma prenditi un momento per pensarci bene. Quello che si sta affermando è vero? Ti ha fornito aiuto o sostegno quando ne avevi bisogno? Le persone che usano la manipolazione del senso di colpa per ottenere ciò che vogliono sono spesso insicure e bisognose, e generalmente non agiscono da amici, colleghi o partner di supporto. Quindi, valutando la situazione obiettivamente, potresti vedere che la loro affermazione non ha valore.

Anche se qualcuno ti ha fornito assistenza in passato, dovresti chiederti perché vi faccia riferimento. Chi ci aiuta veramente per ragioni positive non lo fa con l'aspettativa che ricambiamo. Né ci ricorderà dell'aiuto passato per farci fare ciò che vuole. Se qualcuno usa questa tecnica, quasi certamente sta cercando di approfittare dei tuoi sensi di colpa per manipolarti.

I manipolatori del senso di colpa possono anche usare questa tattica per cercare di sviare l'attenzione da qualcosa che hanno fatto loro, spostando la discussione. Per esempio, immagina di esserti imbattuto in una serie di email da e verso il tuo partner più che leggermente civettuole. Sei arrabbiato e affronti il partner. Invece di discutere il contenuto della posta, ecco che il partner afferma di essere indignato da questa invasione della sua privacy. Cerca di spostare la colpa su di te, deviando nel frattempo la discussione dal suo comportamento.

Ogni volta che ti trovi di fronte a un manipolatore del genere, poniti una semplice domanda: hai fatto qualcosa per cui sentirti in colpa? In altre parole: le tue azioni o inazioni hanno causato l'infelicità di quella persona? Se sei direttamente responsabile, allora quella persona potrebbe essere completamente giustificata nel dirti come si sente e aspettarsi una tua risposta. Se non sei responsabile ma la persona insiste ancora nel tentativo di farti sentire in colpa, forse hai a che fare con un manipolatore del senso di colpa. Ciò non significa che non puoi offrirgli sostegno, ma devi stare in guardia contro la manipolazione.

Il ricatto emotivo

"Ricatto emotivo" è un'espressione che molti hanno sentito, ma cosa significa? Il concetto esiste dagli anni Quaranta[7], anche se è stata resa popolare alla fine degli anni Novanta dalla psicoterapeuta Susan Forward nel libro *Emotional Blackmail: When the People in Your Life Use Fear, Obligation, and Guilt to Manipulate You*. Qui la Forward descrive l'uso di ciò che lei chiama FOG, acronimo traducibile in italiano con "nebbia"(*fear, obligation and guilt*, ovvero paura, dovere e colpa) nella manipolazione delle persone all'interno delle relazioni. Il ricatto emotivo è ora un'espressione ampiamente accettata che descrive le dinamiche transazionali di certe relazioni.

Il ricatto emotivo consiste in una persona che usa i tuoi sentimenti per manipolarti. Questa tattica può essere simile alla manipolazione del senso di colpa, ma usa anche altri sentimenti. Si chiama ricatto perché di solito prende la forma di una minaccia, dove si dice (o almeno si insinua) "*Fai quello che voglio o ne subirai le conseguenze*". La Forward descrive quattro diverse forme che tali minacce possono assumere.

> La minaccia del **punitore** è probabilmente la forma più comune ed evidente di ricatto emotivo. I punitori usano minacce palesi per ottenere ciò che vogliono. Possono essere aggressivi, e la minaccia spesso prende la forma di "*Se fai X, io*

---

[7] *Emotional Blackmail Climate*, Journal of the National Association of Deans of Women, 1947.

farò Y". Le sanzioni imposte possono includere il ritiro dell'affetto fisico, il "trattamento del silenzio", l'abbandono o anche la violenza fisica. I punitori sono l'incarnazione della filosofia "*o così o niente*". Vogliono una relazione interamente alle loro condizioni, oppure nessuna relazione. Generalmente usano minacce esplicite e la paura di conseguenze reali o immaginarie per ottenere ciò che vogliono: "*Se non fai quello che voglio, ti lascio*". Poiché tende a essere evidente, la minaccia del punitore è una delle forme di ricatto emotivo più facili da riconoscere.

La minaccia dell'**autopunitore** è simile, ma usa una base diversa per manipolare i sentimenti. Invece di fare affidamento sulla paura, l'autopunitore evoca il tuo senso di colpa per manipolarti. Come il punitore, l'autopunitore usa affermazioni basate su "*Se fai X, io farò Y*", ma invece di minacce intese a evocare paura le conseguenze sono ritratte come dannose per il manipolatore. "*Se non vieni alla festa con me, mi deprimerò*" o "*Se mi lasci, mi uccido*". L'autopunitore spesso soffre di mancanza di autostima, e può davvero credere che tu sia responsabile della sua felicità. Può rifiutarsi di prendersi la responsabilità della propria vita. Può essere bisognoso. Giocherà sul tuo senso di responsabilità per ottenere ciò che vuole. Gli autopunitori desiderano più di tutto prendere il controllo delle relazioni, e ricorreranno ai mezzi più drammatici per farlo. Raramente si dimostrano sottili e, come i punitori, di solito sono facili da identificare.

Il **sofferente** è simile all'autopunitore, ma invece di minacciare conseguenze basate su fattori interni, sostiene che se non si fa quello che vuole si verrà colpiti da fattori esterni negativi. Per esempio, immagina di vedere un amico che flirta con qualcuno che non è il suo partner. L'amico si rende conto che lo hai visto e usa la minaccia "*Se lo dici al mio partner, il rapporto andrà in rovina*". Proprio come tutte le altre forme di ricatto emotivo, questa manipolazione cerca di trasferire la responsabilità su di te. In questo esempio, cerca di farti sentire responsabile del proseguimento di una relazione e della felicità della persona coinvolta. Un aspetto notevole di questa forma di ricatto emotivo è che può essere difficile da identificare. I punitori e gli autopunitori sono facili da individuare perché fanno minacce palesi. Il sofferente può non dire apertamente ciò che pensa. Può affidarsi al linguaggio del corpo o al ritiro dell'affetto per farti sapere come si sente. A volte sembra che i sofferenti si aspettino che tu sia in grado di leggergli nel pensiero, e si arrabbiano e irritano quando non ce la fai.

L'**allettatore** è il più sottile di tutti i ricattatori emotivi. Piuttosto che usare la minaccia di sentimenti negativi, come la paura e il senso di colpa, per ottenere ciò che vuole, questo tipo di ricattatore usa vaghe promesse di ricompense future. Può trattarsi della una relazione perfetta, di una carriera sfolgorante o di una ricompensa che fornirà gratificazione emotiva, finanziaria o fisica. Stabilisce una serie di prove da superare per ricevere la ricompensa. Serie di prove che si allunga sempre di più, mentre la ricompensa promessa si allontana continuamente. Gli allettatori non saldano. Non hanno mai alcuna intenzione di fornire la ricompensa che sembrano offrire. È semplicemente un modo di usare la tua speranza e la tua aspettativa per ottenere ciò che vogliono.

È importante essere in grado di riconoscere i quattro tipi principali di ricattatore emotivo. Tuttavia, non bisogna dare per scontato che tutti e quattro siano separati. Non ci sono confini netti tra queste forme di ricatto, e un manipolatore può usarle tutte e quattro per ottenere ciò che vuole. A prescindere dalla forma usata, il processo del ricatto emotivo segue generalmente sei fasi distinte.

- **Pretesa**. Il ricattatore vuole una cosa. Può essere intangibile ed emotiva (più affetto, più amore) o concreta e fisica (una nuova macchina, una promozione sul lavoro).
- **Resistenza**. Il soggetto del ricatto non si sente a suo agio nel fornire ciò che il ricattatore vuole.
- **Pressione.** Il ricattatore fa pressioni per ottenere ciò che vuole.
- **Minaccia.** Il ricattatore usa la paura o il senso di colpa, o nel caso dell'allettatore la promessa di una ricompensa, per aumentare le pressioni sul soggetto.

- **Adeguamento.** Il soggetto cede e fornisce al ricattatore ciò che vuole.
- **Ripetizione.** Avendo scoperto che la tecnica funziona, il ricattatore continuerà a usarla.

Il ricatto viene usato per fare pressioni e farti agire in modi che ti fanno sentire a disagio, e che possono anche andare contro i tuoi valori fondamentali. Per questo motivo, cedere al ricatto emotivo ti fa sentire male con te stesso e ha un impatto sulla tua autostima e sull'immagine di te che hai. Devi stare attento alle tecniche usate dai ricattatori emotivi. Una volta che si impara a riconoscerle, è più facile difendersi.

Il comportamento passivo-aggressivo

Essere assertivi e usare una comunicazione emotiva aperta non è facile. Molti cercano di raggiungere i loro obiettivi senza dimostrarsi apertamente assertivi, ma usando un comportamento indirettamente aggressivo, nascondendo i sentimenti negativi sotto a un linguaggio apparentemente positivo. Questa strategia porta a una disconnessione di base tra ciò che una persona sente e ciò che dice. Il termine *"passivo-aggressivo"* è stato usato per la prima volta durante la seconda guerra mondiale per descrivere i soldati che trovavano il modo di non eseguire gli ordini pur senza rifiutarsi direttamente di obbedire.

Le persone inclini a questo comportamento possono aver vissuto un'infanzia in cui l'espressione delle emozioni non era incoraggiata o in cui qualsiasi forma di dissenso era vista come una minaccia. Oppure possono aver appreso questo atteggiamento da adulti, scoprendo che li aiuta a ottenere ciò che vogliono evitando il confronto diretto. Le persone possono essere passive-aggressive solo in certe situazioni. Per esempio, una persona può comportarsi in questo modo al lavoro ma non nelle relazioni personali.

Chi soffre di questo comportamento spesso non lo riconosce come un problema. Lo vede come un modo per evitare il conflitto o per ferire i sentimenti degli altri. Possono giustificarlo come un sistema per negare potenziali problemi sul lavoro, dove un semplice rifiuto può avere gravi conseguenze. Tutti possono comportarsi in questo modo, a volte. Ci siamo ritrovati in una situazione in cui avremmo voluto dire qualcosa ma non l'abbiamo fatto, spesso per evitare il conflitto. Tuttavia, se questo diventa il modo standard di rispondere allo stress, allora può diventare un problema.

Come si identifica una persona passivo-aggressiva? Il segnale più evidente è una chiara disconnessione tra ciò che la persona sta dicendo e i segnali non verbali che fornisce. Magari dice "*No, non mi dà fastidio che tu sia in ritardo*", ma l'evidente impazienza e le occhiate lanciate all'orologio dimostrano che non è così che si sente veramente. E quando aggiunge "*Così farò tardi alla riunione, ma suppongo che non importi*", è chiaro che importa, eccome. Tuttavia, tutte le forme di comportamento passivo-aggressivo permettono all'utente il lusso della "*negabilità plausibile*". Se affrontati direttamente, possono pure negare di essere arrabbiati.

Un classico indice di passivo-aggressività è lasciare le azioni in sospeso. Al lavoro o a casa, la persona passivo-aggressiva raramente verrà a dirci di non voler fare qualcosa. Sembrerà invece che accetti di farla. Anche se alla fine la cosa in questione sembra non essere mai fatta. La persona passivo-aggressiva avrà sempre delle scuse pronte, così che se la affronti può affermare di avere davvero intenzione di fare quella cosa. Spesso dirà che il compito è quasi fatto, ma non viene mai finito del tutto. Questo atteggiamento indica che le persone passive-aggressive sono dipendenti, colleghi e partner esasperanti. Qualsiasi cosa tu suggerisca, loro saranno d'accordo. Ma troveranno dei motivi per non agire senza dover affrontare direttamente i loro sentimenti di rabbia, dolore o frustrazione.

Uno dei fattori che rende questo comportamento così difficile da affrontare è che la persona che ne soffre può anche non esserne consapevole. Alcune persone passivo-aggressive sono talmente abituate a nascondere i sentimenti negativi che sembrano quasi aver dimenticato di provarli. Se sfidata, una persona passivo-aggressiva negherà quasi sempre di provare, per esempio, rabbia, anche quando il linguaggio del corpo e altri indizi non verbali rendono molto evidente l'emozione. Come si può essere certi che qualcuno è passivo-aggressivo?

Una delle forme classiche che prende questo comportamento è il ritiro del contatto. O, come si dice nel caso dei bambini, mettere il broncio. Se hai fatto qualcosa che alla persona passivo-aggressiva non piace, può ignorarti completamente. Questo comportamento può andare dal silenzio a una meno ovvia mancanza di contatto visivo e a un "*accidentale*" mancato saluto o interesse nel corso delle conversazioni. Quest'ultimo approccio è più popolare, perché se affrontata la persona passivo-aggressiva sarà in grado di negare di averti ignorato.

Le persone passivo-aggressive sono anche maestre dell'insulto sottile. Si tratta di un attacco al tuo punto debole tanto mascherato che, se necessario, può essere negato o addirittura presentato come un complimento. Dopotutto, cosa c'è di sbagliato nel dire "*Ehi, che bene che ti sta questo vestito. Le strisce snelliscono tanto!*" tranne forse che è più inteso ad attirare l'attenzione sul tuo peso che a essere un vero complimento. Uno degli aspetti più difficili del trattare con una persona passivo-aggressiva è che è difficilissimo affrontarla sul suo comportamento.

Tutte le sue azioni sono accuratamente progettate per essere negabili, e in molti casi nemmeno lei è pienamente consapevole di ciò che sta facendo.

Ma, proprio come gli altri comportamenti descritti in questo capitolo, il comportamento passivo-aggressivo, in sostanza, riguarda il controllo. In particolare, si tratta di ottenere ciò che si vuole senza lo stress del conflitto o l'onestà dell'assertività.

I *toxic taker*

L'ultimo tipo di comportamento da cui guardarsi è quello del "*toxic taker*". Questa è la persona che prenderà da te tutto ciò che può semplicemente perché si sente autorizzata a farlo. Ti prenderà tempo ed energia, si aspetta che tu gli faccia dei favori, e in cambio non elargirà altro che risentimento e negatività.

L'espressione "*toxic taker*"[8] è stata usata per la prima volta da Adam Grant, psicologo dell'organizzazione e giornalista del New York Times. Grant descrive i tre orientamenti di cui siamo tutti capaci: *giver*, *taker* e *matcher*. I primi forniscono supporto e incoraggiamento senza aspettarsi nulla in cambio. Gli ultimi forniscono supporto ma si aspettano di essere supportati in cambio. I *taker* si prendono le opportunità per se stessi, accumulano risorse rare, si prendono tutto il merito del successo e rubano le idee. Questo crea un'atmosfera tossica di sfiducia e competizione. Questo è il motivo per cui sono conosciuti come *toxic taker*, ovvero *taker* tossici.

Esistono sul posto di lavoro e altrove. Alcune persone possono essere *taker* tossici in un posto e agire diversamente in un altro ambiente. Sono un pericolo particolare per chi non è assertivo. Possono essere colleghi, fratelli, amici, vicini o conoscenti. Ciò che avranno in comune è la sensazione di avere un particolare

---

[8] *Successful Givers, Toxic Takers, and the Life we Spend at Work*. Discussione online tra Adam Grant e la conduttrice di *On Being* Krista Tippet. **https://onbeing.org/programs/adam-grant-successful-givers-toxic-takers-and-the-life-we-spend-at-work/** Data di messa in onda originale, ottobre 2015.

diritto: quello di beneficiare della tua esperienza e dei risultati del tuo duro lavoro.

Il *taker* tossico si presenta spesso come una persona molto consapevole dei propri difetti. Può risultare incredibilmente pessimo in qualsiasi cosa faccia. La sua conversazione è autoironica, concentrata solo sui suoi fallimenti e sulle sue incapacità. All'inizio non sembra così male. Ma poi si comincia a notare che vuole parlare solo di se stesso, mai di te. E ti accorgi che ti chiede costantemente aiuto. Quando quell'aiuto lo dai, non solo non lo riconosce ma a volte se ne appropria come fosse farina del suo sacco.

Dopo un po' di tempo, potresti diventare consapevole di un'altra cosa. Questo "portatore di tossicità" in realtà non ti piace molto. Si risente del tuo apparente successo, e anche del fatto di aver bisogno del tuo aiuto. Non solo prenderà tutto ciò che puoi dargli, ma potrebbe anche fare manovre per influenzare quello che gli altri pensano di te. I *taker* tossici si presentano in quattro forme distinte.

> Il primo tipo è la persona che trascorre del tempo con te solo quando vuole qualcosa. La persona che passa il tempo a chiacchierare alla tua scrivania al lavoro ma ti ignora agli incontri sociali potrebbe essere un *taker* tossico. Viene da te al lavoro solo perché vuole aiuto con la stampante o per avere idee per la relazione da scrivere? In un ambiente sociale potrebbe non voler nulla da te, quindi non si preoccuperà di stare con te.

Il secondo tipo è la persona che ricambia, ma solo se costretta. Viene a pranzo con te regolarmente, ma ti rendi conto che sei sempre tu a pagare. Lo fai notare e l'altro è costretto ad accettare e paga. Ma in futuro potresti scoprire che improvvisamente ha troppi impegni per trovare il tempo di pranzare con te.

Il terzo tipo ti aiuterà, ma vorrà una ricompensa immediata. Sì, ti darà un passaggio a casa, ma ti chiederà dei contanti per coprire il carburante aggiuntivo. Può anche trattarsi di un partner che andrà a fare la spesa che tu ti sei dimenticato di fare, ma che vorrà ricevere immediatamente la metà del denaro.

Il quarto tipo di *taker* tossico è il più comune. Si tratta di persone che passano del tempo con te e che da te si aspettano sostegno e incoraggiamento, ma che in cambio non ti daranno nulla. A volte sembra che questo tipo di persona non ti conosca affatto. Certamente non sapranno quando compi gli anni né quand'è il tuo anniversario di matrimonio, e saranno sorpresi quando gli dirai di quei nuovi corsi serali che stai frequentando (nonostante tu gli abbia già detto di esserne entusiasta ma anche nervoso). Questo tipo di persona tossica può essere difficile da individuare. Magari solo quando ti renderai conto che davvero non ascoltano nulla di quello che dici capirai che non ti conoscono affatto e che, d'altronde, di conoscerti non gli importa nulla.

Tutti i *taker* tossici sono un problema. Prendono il tuo tempo, la tua energia e il tuo sostegno senza dare nulla in cambio.

Parte 2: come aumentare l'assertività

Nella prima parte di questo libro, abbiamo spiegato nel dettaglio come le convinzioni tue e quelle delle persone con cui passi il tuo tempo possano impedirti di essere assertivo. Mentre leggevi, si spera che tu abbia identificato l'impatto che queste hanno sulla tua vita.

Ora è il momento di iniziare a parlare dei passi da fare per affrontare questi problemi. È il momento di imparare a diventare assertivi.

Capitolo 5: cosa c'è da sapere sull'assertività
Un test di assertività

È utile capire da quale livello di assertività si parte. Per valutarlo, fai il breve test qui sotto. In ogni caso, ti viene presentato uno scenario. Scegli la risposta "a", "b", o "c" che rappresenta più accuratamente la tua reazione tipica. Segnati le risposte.

1) **Esci da un negozio e ti rendi conto che la quantità di spiccioli di resto è sbagliata. Cosa fai?**
   a) Ignori la cosa. Il negozio era pieno. Il commesso probabilmente si è sbagliato, e comunque non erano molti soldi.
   b) Torni nel negozio, chiedi di parlare con il direttore e gli dici che il commesso ti ha imbrogliato.
   c) Torni nel negozio, parli col commesso e fai notare che hanno commesso un errore.

2) **Porti l'auto in officina per delle riparazioni. Ti viene fatto un preventivo, ma quando torni il conto include spese aggiuntive per lavori extra. Cosa fai?**
   a) Paghi senza commentare gli extra.
   b) Ti rifiuti di pagare.
   c) Fai notare che l'importo è maggiore del prezzo concordato e chiedi al responsabile di spiegare gli extra.

3) **Stai guardando un programma televisivo interessante. Il tuo compagno/amico/coinquilino entra e ti chiede aiuto. Cosa fai?**
   a) Spegni la televisione per aiutarlo immediatamente.

b) Ti rifiuti di aiutare perché stai guardando una cosa.
c) Spieghi che stai guardando la tv e chiedi se puoi aiutarlo al termine del programma.

4) Un amico è in visita. Rimane più a lungo del previsto, impedendoti di completare un compito importante. Cosa fai?
a) Non dici nulla sperando di trovare del tempo extra per finire il compito quando se ne sarà andato.
b) Dici all'amico che hai da fare e gli chiedi di andarsene per poter completare il lavoro.
c) Spieghi che hai da fare e gli chiedi di tornare in un momento migliore.

5) Inviti un amico a cena, che non arriva e non chiama. Cosa fai?
a) Non dici nulla, ma la prossima volta che quell'amico ti inviterà a cena tu accetterai per poi non presentarti.
b) Rimproveri l'amico e lo critica in presenza di altre persone.
c) Chiami l'amico per chiedigli se ha un problema.

6) Ti ritrovi coinvolto in una discussione su un progetto di lavoro. Un collega pone una domanda sul tuo contributo. Non conosci la risposta. Cosa fai?
a) Inventi una risposta che suoni plausibile e che nessuno riconoscerà come una bugia.

b) Eviti di rispondere facendo al collega una domanda a cui sai che troverà difficile o impossibile rispondere.
c) Ammetti di non conoscere la risposta, ma dici al collega che lo scoprirai e che glielo farai sapere.

7) Hai la sensazione di non piacere a qualcuno, ma non riesci a capire perché. Cosa fai?
a) Ti preoccupi, ma non dici nulla per paura di offendere la persona in questione.
b) Pensi ai modi di vendicarti.
c) Affronti la persona chiedendole se c'è un problema.

In ogni caso, "a" rappresenta una risposta passiva, "b" una risposta aggressiva e "c" un comportamento assertivo. In qualsiasi situazione, le persone generalmente reagiscono in uno di questi tre modi. Puoi vedere che le risposte passive non forniscono soluzioni, e possono lasciarti arrabbiato e frustrato. Le risposte aggressive possono ottenere risultati a breve termine, ma lasceranno gli altri risentiti e arrabbiati. Le risposte assertive si concentrano sulla ricerca di una soluzione, mantenendo i tuoi diritti e proteggendo i tuoi sentimenti.

Mentre lavori su questa parte del libro, le tue risposte dovrebbero iniziare a cambiare. Forse, quando avrai iniziato a mettere in pratica alcune strategie per diventare più assertivo, potresti tornare di nuovo al test per vedere se le tue risposte sono cambiate.

L'assertività è una scelta

Sei tu a decidere come rispondere ai problemi. Le persone passive spesso sentono di non avere scelta, e si dicono di essere costrette ad agire come effettivamente fanno. In verità, essere passivi è una scelta. Non dire nulla è una scelta. Accettare la prepotenza è una scelta. Fare sempre quello che dicono gli altri è una scelta. Il problema dei passivi è che hanno una visione distorta delle conseguenze delle loro azioni.

Si dicono che è meglio non dire ciò che pensano perché altrimenti potrebbero non piacere alla gente. Si dicono che è meglio non opporsi al capo perché altrimenti potrebbero perdere il lavoro. Si dicono che è meglio assecondare il partner in ciò che vuole perché altrimenti la relazione potrebbe finire. Queste percezioni non sono vere. Si tratta solo del modo in cui le persone passive vedono il mondo, e queste percezioni sono le ragioni delle scelte da loro fatte.

Anche le persone aggressive fanno delle scelte. Hanno scoperto che l'aggressione fornisce un modo per coprire l'insicurezza e il dubbio di sé, nonché una maniera di prendere il controllo. Procedono con il loro comportamento prepotente e dispotico perché non vedono altro modo per ottenere ciò che vogliono.

Se riesci a riconoscere l'aggressività e la passività, si spera che tu possa vedere che la terza alternativa, l'assertività, è l'approccio migliore per te e per gli altri. Ma, proprio come la passività e l'aggressività, l'assertività è una cosa che si impara.

Fiducia in se stessi e assertività

Esiste un legame chiaro e diretto tra la fiducia in se stessi e la capacità di essere assertivi. Le persone passive spesso soffrono di mancanza di fiducia in se stesse, e cercano di ovviare a questa mancanza trasformandosi in compiacenti. Diventare più assertivo ti aiuterà ad aumentare l'autostima, ma diventare assertivi richiede fiducia in se stessi. Come fai ad accrescere la tua autostima? Ti forniremo più avanti delle strategie dettagliate per lavorare sull'autostima, ma nel frattempo ecco alcuni consigli.

Non paragonarti agli altri. Paragonarsi ad amici, colleghi o familiari non è salutare. È fin troppo facile sentirsi inadeguati e invidiosi. Uno studio del 2018 [9] ha scoperto un legame diretto tra l'invidia e la fiducia in se stessi. Quando ti senti un fallito perché non sei attraente/di successo/ricco come gli altri, fermati! La vita non è una gara. Non sei in competizione con quelle persone, e i loro risultati non fanno di te un fallimento. Hai molti risultati di cui essere orgoglioso. Concentrati su questi e continua a lavorare sui tuoi obiettivi personali.

Impara l'autocompassione. Non fustigarti se commetti un errore o se non riesci a realizzare qualcosa. I fallimenti sono opportunità di

---

[9] Vrabel JK, Zeigler-Hill V, Southard AC. *Self-esteem and envy: Is state self-esteem instability associated with the benign and malicious forms of envy?* Personality and Individual Differences, 2018.

apprendimento, e le uniche persone che non falliscono mai sono quelle che non tentano mai niente. Trattati invece con gentilezza e comprensione, proprio come faresti se avessi a che fare con un'altra persona.

Celebra i successi. È fin troppo facile cadere nella trappola di concentrarsi sui fallimenti e non notare i molti successi. Fa' uno sforzo cosciente per prendere nota delle attività che svolgi bene. Datti una pacca sulla spalla. Riconosci ciò in cui sei bravo.

Prova qualcosa di nuovo. Il nostro cervello prospera quando lo si sfida ad affrontare cose nuove, ma spesso la paura ci trattiene. Tenta una cosa che ti fa paura. Quando riuscirai, ti stupirà vedere quanto ti sentirai più sicuro.

Quest'ultimo punto è molto importante, nel contesto dell'assertività. Per molti l'idea di imparare una nuova abilità causa molto nervosismo. Quando impari le abilità di cui hai bisogno per essere assertivo, scoprirai quanto ciò aumenta l'autostima.

Puoi anche aumentare la fiducia in te stesso e la forza contro le avversità sviluppando la forza mentale. Costruendo la tua resilienza mentale migliorerai anche la fiducia in te e il coraggio di affrontare le avversità. Alla fine di questo libro scoprirai come la forza mentale può aiutarti a costruire fiducia e a raggiungere tanti obiettivi, tra i quali un incremento della sicurezza in sé e la capacità di affrontare le sfide che la vita ti può sottoporre.

Conoscere i propri bisogni

Tutti abbiamo dei bisogni, psicologici e fisici. Non tutti i nostri bisogni possono essere soddisfatti completamente e sempre. Questa consapevolezza fa parte del costo della vita in società. A volte dobbiamo mettere da parte i nostri bisogni per soddisfare quelli, più grandi, degli altri. Un compromesso normale e naturale.

I bisogni sono importanti. Non sono autoindulgenti né semplici sogni che sappiamo irrealizzabili. Sono i nostri valori fondamentali, e se costantemente insoddisfatti possono causare frustrazione, insoddisfazione e persino depressione. È fin troppo facile perdere di vista i propri bisogni, soprattutto se si passa il tempo concentrato su quelli altrui.

I bisogni sono complessi e diversi per ognuno. Tuttavia, l'oratore motivazionale e autore Tony Robbins ha identificato le sei fondamentali necessità che tutti hanno.

> La **certezza** riguarda la coerenza, la stabilità, la sicurezza e il controllo. Hai bisogno di avere una struttura all'interno della tua vita che ti dia la rassicurazione di sapere cosa ti porterà il futuro.

> La **varietà** indica che troppa certezza in realtà annoia. Quindi, all'interno di un contesto generale di certezza, hai bisogno di cambiamento, spontaneità e differenza.

> La **significatività** è il bisogno di sentirsi rispettati, valorizzati, onorati e convalidati dalle altre persone. Sia nella vita personale sia in quella professionale.

La **connessione** è il bisogno che abbiamo tutti di sviluppare relazioni che implichino intimità e amore.

La **crescita** riguarda il cambiamento positivo, sia esso fisico, emotivo, intellettuale o spirituale. Abbiamo tutti bisogno di sentire di andare avanti, che stiamo migliorando.

Il **contributo** è il bisogno di fare del bene, di aiutare gli altri e di rendere il mondo un posto migliore.

Concediti il tempo di analizzare queste voci e pensa ai tuoi bisogni. Ci sono aree in cui ti senti insoddisfatto?

L'assertività ti fornirà le tecniche per aiutarti a soddisfare i tuoi bisogni. Ma prima devi capire chiaramente quali sono, questi bisogni.

L'importanza della comunicazione assertiva

La comunicazione è il cuore dell'assertività. Dopotutto, non puoi aspettarti che le persone si comportino in modo da soddisfare le tue esigenze se non sai dire quali sono queste esigenze. Le persone non leggono nel pensiero. Se non sei felice, l'unico modo per cambiare la situazione è dire alle persone cosa ti causa infelicità e cosa vuoi che facciano per cambiare la situazione.

La comunicazione comportamentale[10] è un costrutto psicologico che guarda alla comunicazione quotidiana delle persone attraverso la lente dei diversi tipi di comportamento. In particolare, descrive la maggior parte della comunicazione normale come rientrante in una delle quattro seguenti voci:

> **comunicazione aggressiva**: implica che l'aggressore si prefigge deliberatamente di ferire. Può non essere un'azione pianificata, e può comportare intimidazione e bullismo. I comunicatori aggressivi generalmente mancano di empatia, vedono la maggior parte delle situazioni in termini di vittoria o sconfitta, cercano il confronto e non ascoltano gli altri;
>
> **comunicazione passiva**: spesso implica il non dire nulla, o certamente non qualcosa che le altre persone potrebbero trovare sconvolgente o stimolante. I comunicatori passivi raramente

---

[10] Ivanov, M., & Werner, P. D. *Behavioral communication: Individual differences in communication style.* Personality and Individual Differences (2010).

dicono ciò che pensano veramente, e generalmente evitano di prendere decisioni e di fare o dire qualcosa che possa sfociare in un confronto, di qualsiasi livello;

comunicazione passivo-aggressiva: in superficie sembra passiva, ma generalmente viene usata come una maschera per l'ostilità e l'aggressività. Le persone che usano questo stile di comunicazione impiegheranno sarcasmo, iperboli e broncio;

comunicazione assertiva: consiste nell'esprimere in modo appropriato i propri bisogni e sentimenti rispettando le stesse cose nelle altre persone. Il comunicatore assertivo è diretto senza provocare deliberatamente il confronto.

Il punto notevole di questi quattro stili di comunicazione è che solo la comunicazione assertiva è aperta e onesta. I comunicatori passivi e passivo-aggressivi raramente diranno ciò che pensano veramente, e i comunicatori aggressivi non sono interessati alla comunicazione genuina. Questi ultimi vedono invece la maggior parte delle interazioni umane come un'opportunità per vincere a spese degli altri.

Poniti una domanda: con quale di questi stili di comunicazione preferiresti avere a che fare? Sarebbe sorprendente che la risposta non fosse quella del comunicatore assertivo. Le altre persone la penseranno allo stesso modo, e quando ti farai più assertivo diventerai anche tu un comunicatore assertivo. Diventerai il tipo di persona con cui gli altri vogliono comunicare.

Capitolo 6: come diventare più assertivi

Cosa fare e cosa non fare per diventare assertivi

Diventare assertivi trasformerà la tua vita. La capacità di dire quello che vuoi e di far valere il tuo diritto alla felicità sono cambiamenti enormi. Tuttavia, prima di iniziare a parlare di come apportare questi aggiustamenti ecco quattro punti da ricordare mentre inizi a usare le tue nuove capacità.

> **Scegli le parole con attenzione.** Da assertivo ti presenterai in modo diverso, e questo farà sì che la gente esamini ciò che dici. Meglio non apparire scortesi o aggressivi. Se hai in programma una riunione o una discussione in cui hai intenzione di affermarti, pensa attentamente a ciò che dirai. Scrivitelo magari, in modo da poterlo esaminare attentamente. La forma delle parole scelte è importante, un aspetto particolarmente significativo quando si inizia a praticare l'assertività.
>
> **Ascolta.** Diventare assertivi consiste principalmente in un'abilità di comunicazione, ma ricorda che la comunicazione ha due facce: parlare e ascoltare. Assicurati di ascoltare davvero quello che dicono gli altri e da' peso al loro punto di vista e ai loro sentimenti. Non significa tirarsi indietro, ma raggiungere un equilibrio tra le tue esigenze e quelle degli altri può richiedere un compromesso.

Non prenderla sul personale. A volte, anche quando si fa tutto bene, non tutti saranno felici. È comprensibile. Se finora sei stato eccessivamente passivo, le altre persone hanno potuto trattarti come volevano. Improvvisamente sarai in grado di farti valere e dire come ti senti e cosa vuoi. All'inizio sarà una sorpresa, e ad alcuni non piacerà. Potrebbero reagire con sarcasmo, critiche o addirittura maleducazione. Impara a ignorare questo tipo di commenti e vai avanti.

Non diventare arrogante. Quando scoprirai che le tue nuove abilità di assertività funzionano davvero, potresti iniziare a sentirti superiore. Fa' quindi attenzione a continuare a trattare gli altri con rispetto e gentilezza e a rimanere umile. Non importa quanto si scopre e quanto si cresce: c'è sempre altro da imparare.

Affrontare le credenze dannose

Nel capitolo 3 abbiamo esaminato le convinzioni dannose che minano l'immagine di sé e l'autostima. La maggior parte di noi esce dall'infanzia con una o più convinzioni che ci frenano. Dovresti essere in grado di identificare le convinzioni dannose che ti riguardano. Ora è il momento di fare qualcosa al riguardo.

Uno dei metodi più comuni ed efficaci per affrontare le credenze dannose è quello di usare le tecniche della terapia cognitivo comportamentale (CBT). I praticanti della CBT insegnano che i pensieri e le credenze disadattive causano sentimenti di tristezza e depressione. Cambiare il modo in cui si pensa cambia il modo in cui ci si sente. Se ci si sente più positivi, è molto più facile essere sicuri e assertivi.

Hai già identificato le convinzioni che ti fanno agire in modi non utili. Molti professionisti della CBT usano un semplice acronimo per descrivere l'approccio al cambiamento di queste convinzioni: BLU. Sta per *blaming yourself, looking for bad news* e *unhappy guessing.*

> **Incolpare se stessi**. Questa parte del pensiero disadattivo implica il sentirsi responsabile di circostanze sulle quali non si ha alcun controllo. Spesso implica sentirsi responsabili della felicità degli altri. Accettare la responsabilità delle proprie azioni è lodevole e maturo. Sentirsi in colpa per situazioni di cui non si è responsabili è dannoso per noi e completamente inefficace. Quando ti senti in colpa per qualcosa, devi imparare a guardare obiettivamente cos'è che ti

fa sentire così. È qualcosa che hai fatto o non hai fatto la causa della situazione? Per esempio, un amico o un partner è chiaramente infelice. A meno che tu non sia la causa diretta di quell'infelicità, non devi incolparti per come l'altra persona si sente, e non devi sentirti responsabile di distrarla dalla sua infelicità. L'empatia e la compassione sono sempre appropriate, e questi sentimenti combinati con le abilità di assertività ti permetteranno di sostenere e guidare una persona infelice. Incolparsi in modo inappropriato è controproducente, un atteggiamento da imparare a identificare e rifiutare.

La ricerca di cattive notizie. Sfortunatamente, tutti noi tendiamo a soffermarci indebitamente sulle informazioni negative. Immagina di aver fatto una presentazione al lavoro su un progetto che stai conducendo. Nove dei dieci presenti accettano con positività la relazione. Una persona è leggermente critica e dubbiosa. Come ti senti dopo? È probabile che ti concentrerai sul commento negativo ignorando completamente quelli positivi. Questa reazione è normale e naturale, ma è una cosa di cui essere consapevoli e da cui guardarsi. Ora prova a immaginare che qualcuno a cui tieni abbia tenuto la presentazione. Era sconvolto dal commento negativo. Cosa gli diresti? Naturalmente, sottolineeresti che la maggior parte dei presenti è stata positiva e di supporto e che, nel complesso, la presentazione è stata un successo. Devi imparare a guardare alle tue esperienze e reazioni come se si applicassero a qualcun altro. Questo approccio aiuta a essere obiettivi. Devi anche fare uno sforzo cosciente per dirigere il tuo pensiero verso il positivo. Praticamente in ogni situazione c'è una buona notizia, se la si cerca. Anche un fallimento completo fornisce opportunità inestimabili per imparare e per evitare lo stesso errore in futuro.

Le previsioni infelici. Tutti noi passiamo molto tempo a cercare di prevedere cosa succederà nel futuro. Tuttavia, a volte cadiamo in schemi di pensiero che ci fanno aspettare il peggio. Immagina di aver organizzato una cena al ristorante per un gruppo di amici. Cosa succederà se passi i giorni precedenti a pensare "*So che sarà un disastro!*" Questo comportamento è completamente improduttivo, e implica che quando finalmente arriverai al ristorante ti sentirai già negativo e pessimista. Un brutto stato d'animo con cui affrontare la serata. Ora pensa a cosa accadrebbe se passasti i giorni precedenti a pensare "*Sarà la migliore cena di sempre!*" Non solo ti eviterai diversi giorni di ansia inutile e improduttiva, ma ti avvicinerai all'evento con uno stato d'animo positivo. Il futuro sarà sempre incerto. Fare tutto il possibile per rendere il futuro positivo è sensato e produttivo. Supporre che tutto andrà male genera semplicemente ansia e non cambia nulla. Insegna a te stesso a cambiare ciò che puoi, ma a non dare sempre per scontato un esito negativo.

Una negatività esagerata. "*Odio la mia vita!*" è il tipo di affermazione che associamo agli adolescenti infelici, ma in verità tutti noi a volte facciamo l'errore di vedere le situazioni peggiori di quello che sono in realtà. Questo tipo di pensiero fa sembrare tutto negativo e rimuove la speranza e l'ottimismo. Se ti ritrovi ad avere questo tipo di pensiero, immagina la tua risposta se qualcun altro facesse la stessa dichiarazione. Pensa a come metteresti in evidenza gli aspetti positivi per contestualizzare quelli negativi.

Ora, torniamo alle credenze dannose di cui abbiamo parlato nel capitolo 3 e vediamo come possiamo trasformare quelle credenze BLU in credenze vere.

Il bisogno di compiacere

B - "È colpa mia se il mio partner/amico/collega non è felice".

L - "Se non li rendo felici, non gli piacerò".

U - "Dev'essere qualcosa che ho fatto".

E - "Se non li rendo felici, non vorranno passare del tempo con me".

Vera convinzione: l'empatia e la compassione sono buone, ma è giusto considerare anche i miei bisogni e sentimenti. Siamo tutti responsabili della nostra felicità, e non è tua responsabilità rendere felici tutti gli altri.

Insicurezza e dubbi su se stessi

B - "Sono troppo stupido/grasso/non attraente!"

L - "Le mie mancanze fanno sì che nessuno mi amerà mai".

U - "Non azzecco mai niente".

E - "Perché qualcuno dovrebbe voler passare del tempo con me?

Vera convinzione: sei degno di amore e di rispetto così come sei. Puoi avere dei difetti. Tutti ne hanno. Ma hai anche delle qualità positive che ti rendono attraente, interessante e degno di rispetto.

Il bisogno di essere buoni

B - "Se non piaccio agli altri, non piacerò a nessuno".

L - "Pensare ai miei bisogni e sentimenti è egoista".

U - "Se non mi comporto in un certo modo, non sarò popolare".

E - "Se sono egoista, nessuno si preoccuperà di me".

Vera convinzione: hai il diritto di essere felice. Non hai la responsabilità di compiacere le altre persone. Fare sempre quello che gli altri vogliono e si aspettano non ti porterà rispetto né amore.

Paura del confronto e sottomissione

B - "Se parlo, il mio partner/amico/collega sarà infelice".

L - "Se c'è una discussione, farò una brutta figura".

U - "Non dovrei parlare perché potrei rendere qualcuno infelice".

E - "Se dico quello che penso veramente, la gente penserà che sono egoista".

Vera convinzione: i tuoi obiettivi di vita e i tuoi scopi non saranno mai identici a quelli di un'altra persona. Ciò significa che un certo livello di confronto è inevitabile, mentre si trovano soluzioni che portano beneficio a tutti. Evitare ogni confronto sottomettendosi sempre ai bisogni degli altri non ti darà amore né rispetto.

Essere assertivi è brutto!

B - "Se dico quello che sento veramente, non piacerò a nessuno".

L - "È scortese dire agli altri come mi sento".

U - "Se sto zitto, andrà tutto bene".

E - "Nessuno vorrà ascoltarmi".

Vera convinzione: hai il diritto di dire come ti senti e di dire alle altre persone cosa possono fare per questo tuo sentimento. Naturalmente non devi calpestare i sentimenti degli altri, e devi trovare modi di esprimere ciò che vuoi che non siano offensivi né aggressivi.

Non è colpa mia!

Quest'ultima credenza dannosa è leggermente diversa. In questo caso, la "B" di BLU sta per "*Incolpare gli altri*", ma l'approccio è ancora valido.

B - "Se il mio partner/amico/collega si comportasse diversamente, sarei felice".

L - "Le altre persone mi rendono sempre infelice".

U - "Non sarò mai felice perché non importa a nessuno".

E - "Nessuno vuole rendermi felice".

Vera convinzione: sei tu responsabile della tua felicità. Nessun altro ha la capacità di cambiare la tua felicità, né ne è responsabile.

Passa in rassegna le convinzioni dannose identificate nel capitolo 3. Applicavi la tecnica BLU e cerca di arrivare a una credenza vera. Il semplice guardare in dettaglio le proprie convinzioni ne riduce l'effetto sul pensiero, aiutandoti a riconoscere i pensieri negativi e dannosi.

Le difficoltà, le sfide e gli ostacoli della vita possono portare a pensieri dannosi. Queste difficoltà comportano dubbi su se stessi, e può essere difficile cambiare il proprio punto di vista e diventare assertivi se non si è mentalmente forti e resistenti. Puoi imparare di più su come sviluppare la forza mentale alla fine di questo libro.

Affrontare il ricatto emotivo

I ricattatori emotivi usano sentimenti di paura, colpa e obbligo per manipolarti e farti fare quello che vogliono loro. Tuttavia questa manipolazione non si basa su sentimenti reali e giustificati. Cercano invece di farti provare queste emozioni quando non sono appropriate. La chiave per affrontare questa forma di manipolazione è porsi una semplice domanda su cosa vogliono che tu faccia:

"Sto affermando il mio libero arbitrio o agisco perché provo paura, colpa o obbligo?"

Non è una domanda facile a cui rispondere. In primo luogo, significa riflettere veramente sui propri sentimenti. Azione che può portare ad affrontare il fatto di provare paura o senso di colpa. Pensa al perché ti senti così. Hai fatto qualcosa che dovrebbe farti provare paura o colpa? Devi davvero all'altra persona qualcosa, magari per l'aiuto che ti ha dato in passato? Oppure il manipolatore sta cercando di evocare questi sentimenti quando non hanno alcuna base reale?

Il punto più importante del ricatto emotivo è l'utilizzo delle emozioni per farti fare ciò che il manipolatore vuole. Si tratta di sentimenti evocati solo attraverso la manipolazione. Se riesci a riconoscerlo, allora il loro impatto su di te diminuirà. Naturalmente hai comunque bisogno di confrontarti con il manipolatore. Di questo tratteremo in un capitolo successivo, in cui forniremo delle strategie per dire "*no*".

Trattare con i *taker* tossici

Quando hai identificato una persona della tua vita come *taker* tossico, ci sono due tecniche da usare per affrontarlo efficacemente.

Il *taker* tossico viene sempre da te con un problema e si aspetta che tu lo aiuti a risolverlo. Il primo metodo consiste nell'ascoltare quando ti parla del problema e nell'offrire comprensione. Nient'altro. Niente tempo, consigli, soldi o qualsiasi altro tipo di aiuto. Rispondi semplicemente al racconto del problema con qualcosa del tipo *"Sembra davvero terribile. Che cosa terribile per te."* Rispondere in questo modo è molto più difficile di quanto sembri. Potreste sentirti condizionato a offrire aiuto quando qualcuno ti espone un problema. Tuttavia fare così porterà semplicemente i *taker* tossici a chiedere sempre di più. Devi dimostrarti fermo nell'offrire nient'altro che compassione.

Il *taker* tossico sarà sorpreso. Dopotutto è ormai abituato al fatto che tu gli fornisca ciò che vuole. Quindi, probabilmente ci riproverà. Rimani forte. Ripetigli i suoi stessi sentimenti per dimostrare di averlo ascoltato. Ma non offrire aiuto. Potrebbe poi passare a una diretta richiesta di aiuto, magari sostenuta da un ricatto emotivo. Cosa che sai già come affrontare, e più avanti ti diremo come dire specificamente *"no"* in ogni circostanza. Di fronte al rifiuto di collaborare, il *taker* tossico passerà rapidamente a un'altra persona più facile da manipolare.

Un'altra strategia da usare con i *taker* tossici è quella di ascoltare il loro racconto di dolore e poi rispondere con una storia sulle difficoltà che stai affrontando tu. Nessun *taker* tossico vuole competizione, e noterai che troveranno difficile ascoltare la tua storia e non offriranno alcun tipo di aiuto. Di fronte a questo tipo di risposta, la maggior parte dei *taker* tossici cercherà semplicemente una vittima altrove.

I veri *taker* tossici spariranno rapidamente dalla tua vita quando impiegherai queste tecniche. Le persone amiche, ma che possono essersi abituate ad approfittare di te, invece no. Si riadatteranno alla nuova forma di relazione.

Capitolo 7: imparare a dire *"no"*

Dire *"no"* è una cosa che molti di noi trovano difficile. Che questa esitazione si manifesti in risposta a una richiesta di aiuto o a un invito a un evento a cui non abbiamo nessuna voglia di partecipare, abbiamo paura che il rifiuto offenda la persona che ce lo chiede. Tuttavia, imparare a dire *"no"* è una delle abilità di base per diventare assertivi. Nella parte 3 forniremo strategie dettagliate per dire *"no"* con gentilezza e rispetto. Per prima cosa, parliamo del perché dire *"no"* è tanto difficile eppure importante.

Perché abbiamo paura di dire *"no"*

Una delle parole più difficili da dire è "no". Anche quando riconosciamo che potrebbe essere la risposta migliore, ci ritroviamo invece a dire "*sì*". Ma perché è così difficile? Le ragioni sono diverse, quindi esaminiamole in dettaglio.

Dire "*sì*" aumenta la nostra autostima. Può farci sentire utili, necessari e apprezzati. Al contrario, temiamo che dire *"no"* possa avere l'effetto opposto. A tutti noi piace sentirci apprezzati e necessari. Tuttavia, possiamo farci talmente coinvolgere da comportamenti progettati per generare questi sentimenti negli altri che finiamo per trascurare i nostri sentimenti e bisogni. Dire *"no"*, per esempio, a una richiesta di aiuto può inizialmente intaccare la nostra autostima. Ma, se lo facciamo per recuperare tempo, energia o altre risorse per noi stessi, questa sensazione passerà presto. Aiutare gli altri è un bene. Ma diventare così dipendenti da essere incapaci di dire *"no"* non lo è.

Vogliamo piacere alle persone, e deluderle con un *"no"* ha effetto su come queste stesse persone si sentono nei nostri confronti. Non c'è modo di aggirare il problema. Se dici costantemente "*sì*" a tutto, la gente comincerà presto a darlo per scontato, e questo non ti porterà a piacergli o a farti rispettare. Se riesci a condizionarti a considerare obiettivamente ogni richiesta di aiuto e a dire "*sì*" solo quando è veramente appropriato, scoprirai che le persone lo apprezzano molto di più del continuo "*sì*" che ricevono da un compiacente.

Probabilmente la ragione più comune per non dire *"no"* è la paura del confronto. Se dici *"no"* le persone possono farsi emotive. Potrebbero anche arrabbiarsi o cercare di fare i prepotenti, specialmente se sono abituati a dei "*sì*". Lo ripetiamo: non c'è modo di evitare un certo livello di confronto se impari ad affermarti dicendo "*no*".

Infine, possiamo temere di perdere delle opportunità quando diciamo "*no*". Per esempio, se ti viene offerta la possibilità di occuparti di un nuovo progetto al lavoro, potresti temere di perdere una promozione se rifiuti. Tuttavia, hai tempo ed energie limitate a disposizione. Ogni volta che dici "*sì*" a qualcosa, questo qualcosa userà tue risorse. E così ne uscirai meno capace di accettare nuove opportunità più vantaggiose. È importante valutare le nuove opportunità e guardare a cosa ti offrono. Non accettare tutto ciò che arriva per paura di perderti qualcosa.

Perché imparare a dire *"no"* è salutare

Dire "*sì*" quando in realtà si vuole dire *"no"* è una cosa che la maggior parte di noi ha fatto, ma non è un bene per noi né per gli altri coinvolti. Quando qualcuno ci chiede un favore o ci invita a un evento, se diciamo "*sì*" senza però pensarlo veramente, essenzialmente stiamo mentendo. Cosa che nuoce all'autostima, crea risentimento, e può anche spingerti ad agire in modo passivo-aggressivo facendo finta di dimenticare la promessa fatta.

Nelle relazioni, l'onestà e il rispetto sono fondamentali. Se si mente, si sta minando la relazione e si dimostra una mancanza di rispetto per l'altra persona. Al contrario, se si impara a dire *"no"* quando è quello che si intende, si dimostra rispetto per l'altra persona e onestà nella relazione.

Imparare a dire *"no"* aiuta anche a stabilire dei confini personali, limiti che definiscono chiaramente ciò che si farà e non si farà. Questi aiutano gli altri a capire cosa vuoi e aumentano il rispetto reciproco all'interno di qualsiasi relazione. Dire *"no"* a un'azione che non vuoi compiere ti lascia anche tempo ed energie per dire "*sì*" a ciò che vuoi fare.

Infine, dire *"no"* significa prendersi cura di se stessi. È una parte fondamentale dell'accettazione, e chiarisce agli altri che hai sentimenti e bisogni e che questi sono importanti per te. Abbiamo detto in precedenza che prendersi cura di se stessi è un elemento cruciale per diventare una persona equilibrata e sicura. Imparare a esprimere come ci si sente è una parte centrale di questo sviluppo personale, e dire *"no"* quando lo si vuole dire è un'abilità fondamentale.

"Non posso" contro "non voglio"

Quando ti ritrovi in una situazione in cui ti viene chiesto di fare qualcosa che non vuoi fare ma dire *"no"* ti innervosisce, puoi essere tentato di usare delle scuse per giustificare il rifiuto. In altre parole, di rispondere alla richiesta dicendo "*non posso*" invece che "*non voglio*". Per esempio, un amico chiede aiuto per un trasloco. Tu non hai l'energia di portare scatoloni su e giù per le scale e hai già dei programmi per il tempo "*per te*" del fine settimana. Ma invece di dirlo chiaro, inventi una scusa come "*Devo portare mia sorella all'ospedale*".

Ti sembra più significativo e accettabile che spiegare semplicemente che sei stanco e hai bisogno di un po' di tempo libero. È comunque una bugia. Non ritieni la relazione abbastanza importante da giustificare l'onestà, e stai minando la tua autostima sentendoti sotto pressione per la tua mancanza di sincerità. Ancora peggio: se l'amico crede alla scusa, potrebbe suggerire di posticipare al prossimo fine settimana o di sera. E allora cosa fai? T'inventi qualcos'altro o ti ritrovi costretto a fare una cosa che non vuoi fare?

Dire *"no"* spiegando onestamente perché non vuoi fare una cosa è difficile. Ma sarà sempre meglio per te e per la relazione che dire "*non posso*" e inventare una scusa.

Capitolo 8: stabilire dei limiti

Perché i confini personali sono importanti

I confini personali sono i limiti che fissi su ciò che farai e non farai e per il comportamento che ritieni accettabile negli altri. Stabilire questi limiti è una parte importante dell'assertività, ma come gli altri elementi di questa abilità può sembrare difficile. Tutti noi vogliamo sembrare "*d'accordo*", disposti ad assecondare ciò che gli altri vogliono perché crediamo che questo ci renderà simpatici e socialmente accettati. Sorprendentemente, una serie di studi sembra dimostrare che non è così.

Uno studio del 2015 pubblicato nella *Personality and Social Psychology Review*[11] ha analizzato le reazioni dei partecipanti in giochi che presentavano dilemmi sociali e la necessità di contrattazione. I partecipanti non amavano i giocatori egoisti, il che non era sorprendente. Tuttavia, il rapporto ha scoperto che i giocatori sempre d'accordo, quelli a cui non importava di vincere o perdere, stavano ugualmente antipatici. La discussione sembrava dimostrare che questi giocatori facevano sentire gli altri male con se stessi, ma che erano anche visti come trasgressori delle regole, anche se le regole che rompevano erano quelle che incoraggiavano la competizione e il confronto.

Uno studio combinato del 2011 dall'Università di Notre Dame, dalla Cornell University e dalla University of

---

[11] Kun Zhao, Luke D Smillie, *The Role of Interpersonal Traits in Social Decision Making: Exploring Sources of Behavioral Heterogeneity in Economic Games*, agosto 2015, Personality and Social Psychology Review.

Western Ontario[12] ha reso ancora più evidente che dimostrarsi gradevoli non è una mossa positiva per la carriera. Lo studio ha rivelato che gli uomini classificati come "*sgradevoli*" guadagnavano, in media, il 18% in più di quelli classificati come "*gradevoli*". Gli uomini descritti come sgradevoli sono stati anche spesso descritti come negoziatori efficaci e manager migliori. Anche tra le donne, dove essere visti "*gradevoli*" è una norma sociale più riconosciuta, le donne sgradevoli guadagnavano il 5% in più delle loro controparti gradevoli.

---

[12] Timothy A Judge, Beth A. Livingston, Charlice Hurst, *Do Nice Guys-and Gals-Really Finish Last? The Joint Effects of Sex and Agreeableness on Income,* Journal of Personality and Social Psychology, novembre 2011.

Scegliersi i confini

I confini che stabilirai includeranno sia il tuo spazio fisico sia quello emotivo. Tuttavia, qui ci occupiamo solo dei confini emotivi. Si tratta dei limiti di ingresso altrui nel tuo spazio emotivo. Come fare a identificare i propri limiti? Semplicissimo: se sei con qualcuno che ti mette a disagio, probabilmente sta violando i tuoi giusti limiti emotivi.

Per capire dove si trovano questi limiti personali, prenditi del tempo per pensare ai tuoi valori fondamentali, agli ideali e alle azioni che contano per te. Non alle azioni che fai per compiacere altre persone né perché senti che ci si aspetta che tu le compia. Siamo così abituati a includere i bisogni e i sentimenti degli altri nel novero dei nostri, che può essere difficile ricordare ciò che conta per noi. Per esempio, può darsi che le amicizie siano davvero importanti per te, ma hai un amico che indulge regolarmente in pettegolezzi maliziosi su altri amici. Il suo comportamento ti mette a disagio, ma non vuoi turbare l'amico pettegolo dicendo come ti senti.

I confini sono personali e saranno diversi per ognuno. Pensaci bene e quasi certamente troverai una disconnessione tra ciò che sta accadendo e i tuoi valori fondamentali. Questo è il momento in cui hai bisogno di stabilire un confine chiaro.

Far rispettare i confini

Una volta capito quali sono i tuoi limiti, puoi iniziare a farli rispettare. Hai il diritto di difendere il tuo spazio personale emotivo. Tuttavia, ricorda che puoi cambiare solo quello che fai tu, non quello che fanno gli altri. Se torniamo all'esempio dell'amico pettegolo, non hai nessun diritto né alcuna responsabilità di dire all'amico di rinunciare al pettegolezzo malizioso. Non è cosa che dipende da te. Puoi invece dirgli con fermezza che non ti interessa sentire quel linguaggio e chiedergli di desistere.

Potrebbe innervosirti la reazione che otterrai nel porre tali limiti. Alcune persone reagiranno con rabbia. Potrebbero sostenere che siete giudicanti o ingiusti. Non li stai criticando né dicendogli di cambiare comportamento in generale. Gli stai dicendo che quello che fanno ti mette a disagio, e gli stai solo chiedendo di smetterla in tua presenza. Ricorda che essere visti come sgradevoli non significa che le persone non ti apprezzeranno o non ti rispetteranno. Anche se la reazione a breve termine all'implementazione dei limiti può essere negativa, a lungo termine la cosa renderà generalmente la relazione più forte, perché sarà più autentica e basata sull'onestà.

Porre dei limiti è un atto di assertività. Può sembrare spaventoso. Ma non c'è alternativa. Devi dire alle persone quando ti mettono a disagio e perché: non puoi aspettarti che indovinino da soli. Farlo può essere incredibilmente liberatorio e fortificante.

Parte 3: piano d'azione per l'assertività

Capitolo 9: vuoi essere più assertivo?

Scegliere di diventare più assertivo

Ora hai capito che essere poco assertivi è un problema. Nella tua vita personale e lavorativa può renderti inefficace, e può anche farti sentire ansioso, stressato e poco sicuro di te. Tuttavia, essere passivi non è qualcosa di innato da sopportare e basta. Puoi scegliere di diventare assertivo. Solo tu puoi fare questa scelta e solo tu puoi farlo accadere. Prima di proseguire, devi porti due domande importanti:

- vuoi diventare più assertivo?
- sei pronto a investire tempo e fatica per diventare più assertivo?

Sono domande fondamentali. Se non puoi rispondere "*sì*" a entrambe senza riserve, probabilmente stai solo perdendo tempo. Hai bisogno di rileggere questo libro per capire perché essere poco assertivi sta danneggiando te, le altre persone e le tue relazioni con loro? O forse hai solo bisogno di accettare che sarai sempre passivo, calpestato e che non avrai mai spazio o opportunità di occuparti dei tuoi bisogni e sentimenti?

Cosa scegli?

L'assertività non è tutto o niente

Questo libro fornisce una comprensione di cosa significa mancanza di assertività e di come affrontarla. Fornisce strategie pratiche per diventare più assertivi. Ma non è che messo giù il libro e fatto un respiro profondo diventerai improvvisamente assertivo in tutto ciò che farai. Purtroppo la vita non è così semplice.

Comincia a pensare a dove la tua mancanza di assertività ti fa più male.

Pensa alle aree in cui diventare più assertivo ti porterà maggiori benefici.

Questi sono obiettivi importanti di cui essere consapevoli, ma non avere fretta e non buttarti subito sulle situazioni più difficili e stressanti. Anche quando credi nel tuo diritto di affermare i tuoi sentimenti e bisogni, avrai bisogno di costruire gradualmente le tue abilità e la tua fiducia. Farai delle prove su ciò che farai e dirai prima di applicare queste tecniche nel mondo reale.

Ci vorrà del tempo. Non si diventa assertivi da un giorno all'altro. Farai un passo alla volta e costruirai fiducia e abilità in modo graduale. Tuttavia, ogni piccolo passo fornisce benefici. Imparare ad affermare se stessi, anche in piccoli modi, è liberatorio e fortificante. Man mano che acquisisci sicurezza con i primi piccoli passi, puoi estendere l'uso delle tecniche di assertività ad altre aree della tua vita.

L'assertività non è cosa che si impara in una sola sessione. È un viaggio di trasformazione. E ogni viaggio inizia con un solo passo.

Quanto tempo ci vorrà?

La tua attuale passività è stata appresa. È un insieme di comportamenti che usi da così tanto tempo che questi sono diventati abituali e in gran parte istintivi. Reagisci a un potenziale confronto facendo tutto il necessario per evitarlo, anche se non sei consapevole di questa abitudine.

Questo comportamento cambierà. Costruirai una nuova serie di comportamenti che a loro volta diventeranno risposte abituali. Questi cambiamenti richiederanno tempo, anche se forse non così lungo come si può pensare. Sono stati condotti molti studi per determinare quanto tempo ci vuole perché i nuovi comportamenti diventino abitudini, e non c'è ancora un periodo universalmente accettato. Il lasso di tempo dipende da te e dalle tue circostanze. Tuttavia, la maggior parte delle stime suggerisce che se si stabilisce un nuovo comportamento e lo si mantiene per un periodo compreso tra trenta e novanta giorni, esso diventerà abituale.

Pensaci un attimo. Se riesci a fare uno sforzo cosciente per intraprendere nuovi comportamenti assertivi per almeno novanta giorni, diventeranno abitudini. Non dovrai pensarci. Diventeranno risposte automatiche e positive. Concentrati su questo pensiero mentre ti accingi ad attuare questi nuovi comportamenti.

Capitolo 10: costruire la fiducia in se stessi

Ascoltare il saggio avvocato

Nel libro seminale di auto-aiuto *You Are Not Your Brain*[13], gli psichiatri Jeffrey Schwartz e Rebecca Gladding descrivono una strategia utile per affrontare l'autostima negativa e la mancanza di fiducia in se stessi. La chiamano il "*saggio avvocato*". Questo approccio comporta la visualizzazione di una persona che si rispetta. Può essere una persona reale, un parente, un amico, qualcuno che conosci (o che hai conosciuto) o anche una figura storica di cui ammiri i risultati. Può pure essere un personaggio fittizio. Non importa proprio chi sia questa persona, purché:

- tu riesca a visualizzarla chiaramente fino al punto di immaginare conversazioni con lei;
- tu sia in grado di visualizzarla come saggia, compassionevole, gentile, solidale e sinceramente coinvolta e desiderosa del meglio per te.

In altre parole, il saggio avvocato dev'essere una persona il cui consiglio è benvenuto e di cui ti fidi. Se ti trovi in una situazione in cui sei incerto su cosa fare o fai fatica a trovare la fiducia per fare qualcosa, immagina di descrivere quella situazione al tuo saggio avvocato.

Può sembrare una semplificazione eccessiva, ma in realtà è basata su solidi principi psicologici. Immaginare di parlare con il saggio avvocato aiuta ad avere una visione

---

[13] Schwartz, Jeffrey M, and Gladding, Rebecca. *You Are Not Your Brain: The 4-Step Solution for Changing Bad Habits, Ending Unhealthy Thinking, and Taking Control of Your Life*. Avery, 2011.

più ampia di qualsiasi situazione e ad andare oltre le emozioni immediate, che possono confondere. Ma soprattutto la guida di questo saggio avvocato sarà sempre positiva e nel tuo migliore interesse.

Immagina il tuo saggio avvocato. Prenditi il tempo di visualizzarlo intensamente e in dettaglio. Quando ti trovi a lottare con problemi di fiducia in te stesso o non sai bene cosa fare, chiedigli consiglio. Spesso questa strategia ti aiuterà a determinare cosa fare e a trovare la sicurezza per farlo.

Pensiero positivo

Il pensiero positivo è un atteggiamento concentrato sui buoni risultati. Si tratta di agire perché si prevedono felicità e successo, non perché si teme il fallimento. Molti approcci motivazionali e di auto-aiuto ne sottolineano l'importanza. I tuoi pensieri dettano le tue azioni. Se i tuoi pensieri sono positivi, lo saranno anche le tue azioni. Questo comportamento ha molte più probabilità di portare al successo.

Il pensiero positivo è particolarmente importante per creare obiettivi. Perché vuoi diventare più assertivo? Quali sono i tuoi obiettivi di assertività? Per essere più efficaci, devono essere positivi.

Per esempio, se il tuo obiettivo è quello di diventare più assertivo sul lavoro, obiettivi come "*Voglio diventare più efficiente nel lavoro*" o "*Voglio la promozione per usare meglio le mie capacità*" sono positivi. "*Voglio fare meno errori sul lavoro*" o "*Non voglio perdere il lavoro*" invece no. "*Voglio migliorare le mie capacità di negoziazione*" è un obiettivo positivo. "*Voglio essere migliore della persona X*" no. Gli obiettivi positivi riguardano te. Hai la capacità e la responsabilità di cambiare te stesso. Paragonarsi agli altri o focalizzarsi sulla sconfitta di qualcun altro mina questa concentrazione.

Il pensiero positivo consiste anche nel celebrare il progresso. All'inizio probabilmente ti farai valere in modi relativamente piccoli. Questi passi non sono banali. Riconoscili e datti una pacca sulla spalla per ogni successo. Trattati bene quando raggiungi un obiettivo. Riconoscere un successo è altrettanto importante, o forse anche più importante, che accettare un fallimento. Tutti noi tendiamo a castigarci per i fallimenti e a trascurare i successi. Ogni successo è un passo sulla strada verso una vita migliore.

Proprio come qualsiasi altra abilità, il pensiero positivo si impara. Prenditi il tempo di guardare a ciò che hai ottenuto. Impara a cercare gli aspetti positivi in ogni situazione, non a rimuginare sui fallimenti. Riconosci il successo e costruisci sulla fiducia che ne deriva.

E per non smettere mai di imparare a pensare positivamente, cambiare mentalità e raggiungere gli obiettivi stabiliti, dovrai essere resiliente e mentalmente abbastanza forte da non farti ostacolare dalle sfide che potresti incontrare. Per saperne di più su come sviluppare la forza mentale, vai alla fine di questo libro.

Capitolo 11: migliora la comunicazione
Empatia e compassione

L'empatia è una parte importante di una buona comunicazione. Tuttavia, c'è un po' di confusione su cosa significhi esattamente questa parola e su cosa la distingue, per esempio, dalla compassione.

La parola "*empatia*" è stata usata per la prima volta all'inizio del XX secolo. È la traduzione del termine tedesco *einfhlung* (sentire con), ed è stato introdotto dallo psicologo britannico Edward Titchener. La maggior parte degli psicologi usa il termine empatia per indicare la capacità di immaginare se stessi nella situazione di qualcun altro per capirne le emozioni. Alla fine degli anni Cinquanta lo psicologo Carl Rogers fu il primo a suggerire l'empatia come elemento essenziale della comunicazione efficace. Da allora, molti studi hanno confermato questa teoria.

Una persona empatica è in grado di vedere le situazioni dalla prospettiva di un altro. Anche se le due parole sono spesso usate come sinonimi, l'empatia è diversa dalla compassione. Quest'ultima consiste nel sentire *per* un'altra persona, al contrario dell'empatia, che è sentire *con* un'altra persona. In altre parole, la compassione è più vicina al dispiacere per gli altri, mentre empatia significa capire perché si provano determinati sentimenti.

L'empatia è costituita da tre elementi:

- una profonda comprensione dei sentimenti altrui;
- la capacità di capire quali comportamenti o situazioni hanno suscitato i sentimenti dell'altro;

- la capacità di far sapere all'altro che si capiscono i suoi sentimenti e la loro causa.

L'empatia è fondamentale per una comunicazione efficace, e la comunicazione è centrale per l'assertività. Lavora sullo sviluppo della tua empatia. Capire perché gli altri si sentono come si sentono può aiutarti a comprendere meglio da dove vengono i tuoi stessi sentimenti. Alcuni psicologi considerano l'empatia uno degli elementi propri di una vera maturità psicologica.

Impara ad ascoltare

C'è una differenza fondamentale tra ascoltare e sentire. Alcuni studi suggeriscono che fino al 75% di ciò che sentiamo viene quasi immediatamente dimenticato, ignorato o frainteso. In parte, imparare a diventare assertivi consiste nel capire cosa vogliono le altre persone. Questo processo implica *ascoltare*. Non solo sentire quello che dicono, ma comprendere veramente e far sapere all'interlocutore che lo si sta facendo.

Ci sono tre abilità critiche coinvolte nell'ascolto.

> **Partecipazione.** Si tratta della comunicazione non verbale che fornisci all'interlocutore a conferma dell'ascolto. Include la postura del corpo, il contatto visivo e l'attenzione totale a ciò che si sta dicendo. Niente rende più chiaro che non si sta ascoltando che permettere allo sguardo di vagare mentre l'altra persona parla o, peggio ancora, controllare il telefono o le email. Se vuoi dimostrare a qualcuno che lo stai davvero ascoltando, guardalo in faccia, mantieni il contatto visivo e non permettere all'attenzione di vagare.
>
> **Seguire.** Dimostrare questa abilità significa non dirottare la conversazione per soddisfare i propri interessi. Invece di interrompere con la storia tua, incoraggia l'interlocutore a proseguire con segnali come "*È interessante, dimmi di più...*" o "*Non lo sapevo!*" Usa domande aperte per incoraggiarlo a dirti di più.

Riflessione. Le persone che usano l'abilità della riflessione fanno commenti che riaffermano i sentimenti o il contenuto di ciò che l'interlocutore sta dicendo. Usare questa abilità dimostra che hai capito e dà all'altro l'opportunità di chiarire ed espandere il racconto. Puoi dire *"Quindi stai dicendo che..."* o *"Va bene, quindi quello che ho capito è..."*

Rimarrai stupito dall'efficacia di queste semplici abilità quando si tratta di far parlare le persone dei loro bisogni e sentimenti. Potresti anche sorprenderti da quante poche persone le usano efficacemente.

Essere assertivi significa essere in grado di affermare i propri sentimenti e bisogni, ma anche comprendere i sentimenti e i bisogni degli altri. Si può scegliere una linea d'azione che vada a beneficio di tutti. Imparare ad ascoltare è un'abilità essenziale per scoprire cosa vogliono veramente gli altri.

Messaggi assertivi in tre parti

Quando ti fai valere, stai veicolando il messaggio che vuoi che un'altra persona rispetti i tuoi confini emotivi e/o fisici. I messaggi di assertività più efficaci consistono di tre parti distinte.

> **La descrizione del problema.** Questa descrizione deve essere non giudicante, e dovrebbe evitare qualsiasi accenno a eventuali colpe. Dev'essere sufficientemente dettagliata e specifica perché l'altra persona capisca chiaramente il problema. Per esempio, "*Sei un pigro sciattone*" non evocherà una risposta positiva. "*Mi ritrovo sempre di fretta la mattina perché devo lavare e riordinare l'appartamento da solo*" è meglio, perché spiega precisamente cosa ti preoccupa.
>
> **La descrizione di come questo ti fa sentire.** Descrivi le emozioni negative suscitate in te dal comportamento problematico. Se ti rende ansioso, stressato, spaventato o arrabbiato, dillo. Non trattenerti. Se un comportamento ti fa arrabbiare talmente tanto da rischiare di perdere la calma, non lasciarti tentare dal tentativo di ammorbidire la dichiarazione dicendo invece che ti irrita e basta. L'assertività riguarda l'onestà, specialmente per quanto riguarda i tuoi sentimenti.
>
> **Il chiarimento dell'impatto che ha il comportamento altrui su di te.** Ovvero una descrizione di ciò che l'altra persona sta facendo (o non facendo) per causare queste emozioni.

Questa spiegazione dev'essere il più precisa possibile, per facilitare una soluzione.

Questa descrizione può sembrare complicata, ma l'obiettivo è produrre un messaggio che sia il più conciso possibile. Nella maggior parte dei casi, questi tre elementi possono essere combinati in una sola frase nella forma: "*Quando tu* (descrizione del comportamento che ti mette a disagio), *io provo* (descrizione delle emozioni che questo comportamento ti suscita) *perché* (descrizione di come questo comportamento ti colpisce direttamente). Per esempio, un efficace messaggio di assertività in tre parti potrebbe essere:

> "*Quando non ti alzi prima delle otto, mi sento stressato e ansioso perché devo fare io tutte le pulizie prima di andare al lavoro*".

Noterai che questo messaggio in tre parti non impone né suggerisce una soluzione. È importante perché, affinché la soluzione sia efficace, deve tenere conto dei sentimenti e dei bisogni di tutte le persone coinvolte. Sarà più efficace se sviluppata congiuntamente, non semplicemente imposta da una parte. Idealmente, quando viene presentato il messaggio di affermazione in tre parti, la persona con cui stai parlando capirà il problema e suggerirà o contribuirà a una soluzione.

Quando stai provando l'assertività, usa questo messaggio in tre parti. Scrivi il messaggio che vuoi veicolare prima di parlare con la persona interessata. Essere preparati e aver pensato esattamente a ciò che si vuole dire renderà molto più facile essere assertivi.

Strategie pratiche per dire *"no"*

Il modo migliore e più efficace di dire *"no"* è farlo e basta. Resta sulla semplicità. Di' *"no"* e fermati lì. È molto più difficile di quanto si possa pensare. Il momento immediatamente successivo al "no", specialmente se non sei abituato a rifiutare qualcosa a qualcuno, sarà difficile per te. Dire *"no"* creerà tensione, e ti verrà voglia di continuare a parlare per disinnescare la situazione. Potresti essere tentato di offrire un'altra forma di aiuto o assistenza per far sentire meglio l'altra persona. Questo è anche il momento in cui sarai più tentato di cambiare idea. Sii preparato e resisti alla tentazione. Ricorda: non devi inventarti scuse per dire di no, e non è tua responsabilità rendere l'altra persona felice. Ogni volta che dici *"no"* e a questo *"no"* ti attieni, diventerà più facile.

Un semplice e diretto *"no"* è sempre la soluzione migliore per rifiutare qualcosa. Tuttavia, se fatichi, esistono strategie da usare per semplificare le cose.

> **Spiega.** Dire *"no"* è un messaggio di assertività. Non devi spiegarlo né giustificarlo. Tuttavia, puoi usare un messaggio di assertività in tre parti per far capire chiaramente perché stai dicendo "no".
>
> **Rinvia la decisione.** Invece di dire semplicemente no, puoi rimandare la decisione finale. Per esempio, qualcuno ti chiede un favore. Invece di dire "no" potresti dire *"Non lo farò adesso, ma torna a chiedermelo più tardi"*.
>
> **Offri un'alternativa.** Supponiamo che qualcuno ti chieda aiuto per un trasloco. Invece di dire "no"

potresti dire: "*Non posso esserci tutto il giorno, ma posso dedicarti due ore*". Immagina che qualcuno ti inviti a un incontro sociale a cui non vuoi partecipare. Potresti dire: "*Questo mese non posso, ma avrò del tempo libero quello successivo*". In effetti stai offrendo un premio di consolazione, qualcosa che ti rubi meno tempo e meno energie o che si adatti meglio ai tuoi impegni. Puoi beneficiare di questo approccio, che per te potrebbe non essere tanto difficile quanto un semplice "*no*".

Riconosci l'altro. A volte l'effetto di un *"no"* può essere attenuato riconoscendo i sentimenti dell'altra persona. Per esempio, un amico ti chiede di andare con lui a un incontro sociale. Piuttosto che un semplice *"no"* potresti dire "*So che andare da solo ti innervosisce, ma non ne ho proprio voglia*".

Nomina qualcuno di più qualificato. Per esempio, se ti viene chiesto di dare un passaggio a qualcuno, potresti rispondere "*Non sono molto a mio agio a guidare di notte su strade che non conosco. Ma so che la persona X non ha problemi a farlo*".

Rimanda. Questa strategia è la più facile, ma anche il modo meno onesto di dire "*no*". Si tratta di una risposta sulla falsariga di "*Fammi vedere come vanno le cose e ti farò sapere*". Non implica date, e in realtà non hai alcuna intenzione di soddisfare le esigenze dell'altra persona. Può comunque rivelarsi una strategia utile se qualcuno non accetta il tuo *"no"* e continua a tormentarti per farti cambiare idea.

Qualunque forma di *"no"* tu scelga di usare, non lasciarti tentare da una mitigazione del *"no"* con delle scuse. La maggior parte di noi trova "*Mi dispiace, ma no*" molto più facile da dire che "*no*". In effetti molti di noi sono tanto inveteratamente dispiaciuti per tutto che dicono costantemente che gli dispiace. Non è appropriato quando si dice "*no*". Le scuse sono appropriate se si è fatto qualcosa di sbagliato o qualcosa che ha ferito o angosciato un'altra persona, di cui magari ci si vergogna. Dire *"no"* è un tuo diritto, non cosa di cui vergognarsi. Non scusarti quando dici "*no*".

Proprio come altri aspetti del diventare assertivi, dire *"no"* è un'abilità che si apprende. Se attualmente sei molto passivo, probabilmente è un'abilità che non pratichi mai. Quando comincerai a usarla, le persone abituate a dare per scontati i tuoi *"sì"* rimarranno sorprese. E probabilmente non saranno tanto contente. Preparati. Ogni volta che dici *"no"* e ti ci attieni, diventa più facile per te e per gli altri abituarcisi.

Gestisci i contrasti

Se veicoli messaggi di assertività nella vita reale (incluso dire *"no"*), spesso la storia non finirà lì. Le persone si metteranno quasi sempre sulla difensiva e cercheranno di opporsi. Per questo motivo, veicolare il messaggio di assertività non è che una parte di un processo in sei fasi. Il processo complessivo assomiglia a questo.

1. **Preparati.** Pensa a quello che dirai e componi il tuo messaggio di assertività in tre parti. Prova a veicolare il messaggio e pensa al comportamento o alla situazione che vuoi cambiare. È una cosa che può essere cambiata? Questo cambiamento danneggerà irreparabilmente una relazione? Sei disposto a rischiare per ottenere ciò che vuoi?
2. **Veicola il messaggio in tre parti.** Fallo con calma e in un luogo privo di distrazioni.
3. **Smetti di parlare.** Quando hai veicolato il messaggio, non essere tentato di spiegare o giustificare. Non chiedere scusa. Smetti di parlare e aspetta che parli l'altra persona.
4. **Ascolta.** Nel mondo reale, è improbabile che il tuo messaggio sia seguito da una calma accettazione e da una discussione sensata sulle possibili soluzioni. Quando le persone si trovano di fronte a un messaggio di assertività che gli richiede di cambiare il loro comportamento, la maggior parte sarà sorpresa e forse infelice. Spesso si metteranno immediatamente sulla difensiva, cercando di giustificare le loro azioni. Durante questa fase, devi usare le tue abilità di ascolto riflessivo. Lasciale parlare.

5. **Ripeti i passi 2-4.** Tutte le volte che è necessario, finché l'altra persona non è pronta.
6. **Parla di soluzioni.** È possibile che l'ascolto della risposta dell'altro possa aver rivelato dei bisogni altrui di cui non eri a conoscenza. Questi bisogni possono essere presi in considerazione in ogni soluzione che discutete. Se riuscite ad arrivare a una soluzione che soddisfa entrambi, bene. Sii flessibile sulle soluzioni, ma non perdere mai di vista la ragione originale della tua richiesta. Lo stai facendo perché una particolare situazione, o un determinato comportamento, ti rende infelice. Lo scopo del messaggio di assertività è di cambiare quella situazione o comportamento. Rendere felice l'altra persona non è il tuo obiettivo principale. Ricorda che non sei responsabile della felicità di quella persona. Si tratta di soddisfare i tuoi bisogni, e qualsiasi soluzione concordata deve farlo.

Alcune persone possono reagire con emotività. Queste emozioni possono andare dalla rabbia all'infelicità o persino alle lacrime. Spesso rientrano nell'iniziale mettersi sulla difensiva, ma possono anche essere un tentativo di manipolazione. Passeranno. Se la persona sembra così emotiva da non poter discutere la situazione in modo coerente, dille che ne riparlerete quando si sentirà meno emotiva. A quel punto, ripeti i passi 2-6.

Una delle risposte più difficili è il completo silenzio. L'altra persona può sembrare arrabbiata o sconvolta, ma non dice nulla. Cosa si dovrebbe fare? Quello che non dovresti fare è continuare a parlare. Rispondi al silenzio senza dire nulla. È incredibilmente difficile, e sarai tentato di porre fine al silenzio, ma cerca di non farlo. Se devi dire qualcosa, ripeti semplicemente il tuo messaggio assertivo. Quando non riesci proprio più a sopportare il silenzio, puoi magari concludere con un'affermazione del tipo "*È chiaro che non vuoi parlarne, ma presumo che tu capisca perché sono infelice per* (ripeti la prima parte del tuo messaggio). *Possiamo parlare di ciò che faremo più tardi*".

Devi essere pronto a persistere. Limitarsi a veicolare un messaggio di assertività una volta non porterà quasi mai il cambiamento voluto. Potresti dover ripetere il messaggio dalle tre alle dieci volte, e forse in più di un'occasione, prima che tu sia in grado di cambiare la situazione o il comportamento che ti sta influenzando. Preparati. I messaggi di assertività sono importanti. Sono l'unico modo che hai per cambiare le situazioni o i comportamenti e per assicurarti che i tuoi bisogni e sentimenti siano protetti. Cerca di non arrabbiarti se devi continuare a ripeterti. Diventare ostili o aggressivi non farà sì che l'altra persona faccia quello che vuoi.

Questo processo probabilmente sembra emotivamente impegnativo. Può esserlo, e spesso comporta un certo livello di confronto. Forse il solo pensiero ti mette ansia. Non lasciare che questo ti impedisca di farti valere. Non è facile, ma una volta imparato a trasmettere messaggi di assertività in modo efficace, avrai appreso l'abilità di assertività più importante di tutte.

Capitolo 12: l'assertività passo dopo passo

Le quattro fasi per diventare assertivi

Nessuno va dalla passività all'assertività in un solo passo. Diventare assertivi è un processo di cambiamento graduale, di sostituzione degli attuali comportamenti passivi con nuovi comportamenti assertivi. Ci vorrà tempo, sforzo e coraggio da parte tua. Puoi riuscirci, e arrivare a destinazione comporterà il passaggio attraverso quattro fasi.

Fase 1: prova e riflessione

In questa fase proverai le tue nuove abilità di assertività dentro la tua testa, in modo sicuro e senza il rischio di fallimento o delusione. Pensa a situazioni in cui potresti usare queste abilità. Pensa precisamente a come potresti averle usate in passato. Rifletti sulle situazioni e sui comportamenti che più ti piacerebbe cambiare. Scrivili e prova a scrivere appropriati messaggi di assertività in tre parti. Non temere. Questa fase è tutta incentrata sulla riflessione, sul pensiero di come e dove userai le nuove abilità.

Fase 2: prima pratica

Hai letto questo libro; hai capito come diventare assertivo, e probabilmente non vedi l'ora di provare il nuovo approccio sui maggiori problemi della tua vita. Aspetta un attimo! Se cerchi di usare le tue nuove abilità nelle situazioni più difficili che coinvolgono le persone più intrattabili, ti dirigerai al fallimento. Fa' invece un passetto alla volta. È una maratona, non uno scatto. All'inizio metti in pratica le nuove abilità di assertività in situazioni per te meno stressanti. Potrebbero non risultarne cambiamenti istantanei e fondamentali per la tua vita, ma ti allenerai nella pratica su abilità che userai poi altrove. Solo quando avrai testato e raffinato le nuove abilità sarai pronto a passare alla fase successiva.

Fase 3: diventare assertivi

Eccoci! Userai le tue nuove abilità per affrontare situazioni di vita reale che possono comportare un certo livello di confronto. Sono le più difficili da affrontare, ma anche le potenziali ricompense sono maggiori. Quando imparerai a essere assertivo a questo livello, capirai di avere il controllo della tua vita e di essere in grado di cambiare ciò che non ti soddisfa.

Fase 4: dare priorità alle tue esigenze

Ora che sei sempre più a tuo agio nell'agire in modo assertivo, è il momento di pensare a come vuoi usare queste abilità. Quali sono i cambiamenti più significativi che vuoi portare nella tua vita?

Ora vediamo un piano dettagliato in venti passi per lavorare su tutte e quattro le fasi del diventare assertivi.

Piano di assertività in venti passi

Questo capitolo fornisce venti passi che ti porteranno dalla passività all'assertività. Puoi lavorare sui passi al ritmo che preferisci. Puoi farli in giorni consecutivi, anche se sarebbe una bella sfida! Puoi farli in un solo mese. Se preferisci diluire i passi in tre o sei mesi (o anche di più), non è un problema. Assicurati di lavorare su tutti i passi a un ritmo che ti mette a tuo agio. Questo libro non insegna a essere assertivi per un mese. Insegna abilità che ti sosterranno per il resto della tua vita.

Fase 1: prova e riflessione

>**Passo 1.** Pensa alle occasioni passate in cui la mancanza di assertività è stata un problema. Si tratta di situazioni in cui ti sei ritrovato ad agire in modi che ti hanno frustrato o insoddisfatto. Può essere accaduto perché non ti sei sentito in grado di dire *"no"* o perché non sei stato in grado di comunicare i tuoi bisogni e le tue emozioni. Scrivili. Sii dettagliato e descrivi come questi eventi ti hanno fatto sentire. Trova almeno cinque esempi.

>**Passo 2.** Per ogni esempio, scrivi come hai reagito. In quel momento non hai detto nulla, ma ti sei ritrovato a rimuginare e a provare risentimento in seguito? Ti sei lamentato più tardi con altre persone anche se in quel momento hai taciuto? Non sentirti frustrato e non incolparti. Hai bisogno di sapere a che punto sei adesso prima di poter iniziare a migliorare. Non si tratta di andare a caccia di difetti; si tratta di guardare

obiettivamente la tua reazione alla mancanza di assertività.

Passo 3. Per ogni esempio, scrivi un messaggio di assertività in tre parti che avresti potuto veicolare. Pensa a come la veicolazione di questo messaggio, al posto della reazione che hai effettivamente avuto, avrebbe potuto cambiare il risultato.

Passo 4. Guarda i messaggi di assertività in tre parti che hai creato. In particolare, guarda il vocabolario usato. Questi messaggi descrivono come ti senti. Dire questo ad altre persone è una parte importante dell'affermazione dei tuoi bisogni. Ora pensa a come potresti includere lo stesso vocabolario nel discorso quotidiano. Poi pensa a situazioni in cui potresti descrivere i tuoi sentimenti più spesso.

Passo 5. Rifletti su ciò che hai detto nel corso di una data giornata. Per esempio, ti sei scusato? È stato appropriato? Avevi davvero fatto qualcosa che giustificava delle scuse? Ci sono state occasioni in cui avresti potuto dire come ti sentivi ma non l'hai fatto? Hai provato sentimenti di ansia o risentimento? Cosa li ha causati?

Ora dovresti avere un quadro molto più chiaro di dove ti collochi in termini di assertività, o mancanza di essa. Prenditi tutto il tempo che ti serve per la prima fase del piano d'azione. È importante che tu capisca la tua situazione attuale, perché questo ti fornirà la motivazione per cambiare. Ora è il momento di passare dal pensiero dell'assertività all'azione, anche se ci saranno ancora pause di riflessione nella fase successiva.

Fase 2: prima pratica

Passo 6. Il tuo primo esercizio di assertività è abbastanza semplice. Descriverai a qualcuno le emozioni negative che stai provando. Non si tratta di veicolare un messaggio di assertività. Si tratta semplicemente di raccontare a un'altra persona sentimenti di ansia, risentimento o anche rabbia. La persona a cui li racconti può decidere di approfondire la discussione su queste emozioni oppure no. La sua risposta non è importante. Questo passo consiste nell'imparare a esprimere le emozioni negative, perché è qualcosa che le persone poco assertive, come i compiacenti, trovano estremamente difficile fare. Fallo tutte le volte che vuoi. L'obiettivo è quello di sentirsi a proprio agio nell'esprimere i sentimenti, anche quelli negativi. Quando l'hai fatto, rifletti su come ti ha fatto sentire esprimerti in questo modo.

Passo 7. La paura è una grande barriera all'assertività. In questo passo, proverai a rifiutare una richiesta di aiuto di una persona insistente ed esigente. Se hai un amico fidato, chiedigli di interpretare il ruolo dell'altra persona. Altrimenti recita tu stesso i due ruoli, dentro la tua testa. Immagina una situazione il più conflittuale possibile. Pensa in dettaglio a quello che l'altra persona potrebbe dire e a come potresti rispondere efficacemente.

Passo 8. Ancora un gioco di ruolo, da fare a mente o con un amico. Stavolta la persona che avanza la richiesta di aiuto non si arrende. Abituati all'idea di continuare ad attenerti al tuo messaggio di assertività, anche ripetendolo di volta in volta, sempre rimanendo calmo.

Passo 9. Un altro gioco di ruolo. Stavolta si tratta di dire *"no"* con il minor numero di parole possibile. Trova il modo più semplice e diretto di dire *"no"* senza scuse, giustificazioni o dispiaceri. È molto più difficile di quanto sembri, quindi prendi confidenza con il gioco prima di iniziare a usare questa strategia nella vita reale.

Passo 10. In un ambiente sicuro e pubblico come un negozio, un centro commerciale, una biblioteca o al lavoro, avanza una richiesta o poni una domanda a qualcuno che non conosci bene. Questa richiesta può essere piccola, come chiedere l'ora, indicazioni o aiuto per far funzionare un apparecchio come una stampante. Cos'è dipenderà dalle tue circostanze personali. La cosa importante da notare è che se chiedi con fiducia, la maggior parte delle persone sarà felice di aiutarti. Se sei una persona molto passiva, anche questa piccola affermazione sarà una sfida. Quando hai fatto, rifletti su come questo ti ha fatto sentire.

Passo 11. Chiedi qualcosa a un amico o a qualcuno che conosci bene. Chiedi in prestito una spillatrice al lavoro. Chiedi a qualcuno se ti prende un panino. Chiedi un consiglio su qualcosa a cui stai lavorando. Anche qui ciò che chiedi dipenderà interamente dalle tue circostanze personali. Avanza la richiesta in modo educato e sicuro.

Passo 12. Questa è la fine della fase 2, e sei quasi pronto per iniziare a usare le tue abilità di assertività. Ma prima rifletti su queste fasi iniziali. Cos'è stato più difficile? Esprimere sentimenti negativi? Chiedere qualcosa a un estraneo? Chiedere qualcosa a un amico? Se hai trovato qualcuno di questi passi particolarmente difficile, magari è meglio ripeterli finché non ti mettono più a tuo agio prima di passare alla fase successiva.

Fase 3: diventare assertivi

Passo 13. Dissenti da qualcuno. Scegli una situazione sicura in cui esporre un punto di vista contrario. Se un amico suggerisce di andare in un particolare locale, suggerisci un'alternativa. Se qualcuno al lavoro afferma un punto di vista su qualcosa, esponi il punto di vista opposto. Non hanno importanza né il tipo di situazione né il peso reale della circostanza. Non essere scortese; stai solo esponendo un punto di vista alternativo. È un ottimo modo di costruire i muscoli dell'assertività. Ripeti tutte le volte che vuoi.

Passo 14. Ripeti il passo precedente, ma usa la persuasione per cercare di convincere qualcuno a essere d'accordo con il tuo punto di vista. Potresti essere sorpreso di quant'è facile, se sei sicuro e calmo.

Passo 15. Fa' a modo tuo. Per esempio, se stai ordinando da un menù fisso, chiedi di cambiare un piatto con qualcos'altro. Avanza una richiesta specifica per il cibo che ordini. Magari chiedi che la pizza sia servita senza olive, per esempio. Se sei a un incontro sociale o a una riunione, chiedi di scambiare il posto con qualcuno. Se ti chiedono perché, puoi sempre dire che trovi la luce migliore in quel posto o il posto stesso più comodo. Anche qui la situazione precisa non è importante. Ciò che è importante è che avanzi una richiesta e che usi le tue abilità assertive per ottenere ciò che vuoi.

Passo 16. Ripeti il passo precedente, facendo richieste più esigenti. Sii coraggioso quanto vuoi, ma ricordati di tenere in considerazione le emozioni e i bisogni delle altre persone. Chiedere la sedia più comoda della stanza va bene, ma se hai un amico o un collega che soffre di problemi alla schiena, forse ne ha più bisogno di te. Chiedi quello che vuoi, ma non a spese altrui.

Passo 17. Usa un messaggio di assertività in tre parti come parte di un processo assertivo in sei. Questo è un passo difficile, che dovrebbe riguardare una conversazione difficile o anche un confronto. Magari siamo a una riunione col capo per parlare di una promozione o di un aumento. Magari siamo a una discussione con un amico o un partner su un elemento del suo comportamento che ti sta causando angoscia. Che si tratti di una questione personale o professionale, questo passo riguarda il cambiamento di una situazione che ti sta causando grande angoscia. È quasi certamente una cosa che non muori dalla voglia di affrontare. Ma ora ne hai le capacità. Prova il tuo messaggio di assertività finché non ti senti pronto, e poi affronta la conversazione. Usa le tue capacità di ascolto quando l'altra persona risponde.

Passo 18. Rivedi l'ultimo passo. Qual è stato il risultato? Hai ottenuto quello che volevi? In caso contrario, pensa al perché. C'era qualcosa che avresti potuto dire diversamente o più chiaramente che avrebbe cambiato il risultato? Hai perso fiducia e ti sei tirato indietro? Ma soprattutto: come ti sei sentito dopo? Anche se il risultato non era esattamente quello che volevi, dovresti essere stato in grado di far capire chiaramente all'altra persona i tuoi sentimenti. Questo ti ha fatto sentire potente e più sicuro di te? Ripeti questo passo tutte le volte che è necessario.

Fase 4: dai priorità alle tue esigenze

Ora hai messo in pratica tutte le abilità di cui hai bisogno per essere assertivo. Hai fatto molta strada da quando hai iniziato, e ora è il momento di pensare a come usare queste abilità per cambiare e migliorare la tua vita.

Passo 19. Rivedi i tuoi obiettivi personali. Dove vuoi andare nella vita? Quali cambiamenti vuoi apportare nella tua vita personale o professionale? Cosa conta davvero per te? Se sei passivo, e in particolare se sei stato un compiacente, questi valori fondamentali possono perdersi in mezzo alla preoccupazione per i bisogni degli altri. È il momento di tornare alle basi: cosa ti rende felice? Al contrario: cosa ti rende infelice? Scrivitelo. Questi diventeranno i tuoi obiettivi, le situazioni o i comportamenti da adottare o cambiare. Potrebbe volerci un po' di tempo per finalizzare la lista, e probabilmente ti ritroverai ad allungarla man mano che pensi a nuove aggiunte.

Passo 20. Pianifica come usare le tue nuove capacità di assertività per raggiungere i tuoi obiettivi. Scrivi i tuoi limiti personali. Fai una lista degli obiettivi da raggiungere nel prossimo mese, nei prossimi sei mesi e nel prossimo anno. Riesamina spesso la lista e valuta i tuoi progressi. Aggiorna l'elenco con nuovi obiettivi, se vuoi. Questo elenco di obiettivi diventerà il tuo programma generale, e l'assertività ti aiuterà a raggiungerlo. Quando si è assertivi, si può essere chiunque si voglia essere. Puoi fare tutto ciò che vuoi. Tutto quello che devi fare ora è prendere la decisione di diventare assertivo.

IL TUO REGALO

Vorremmo farti un regalo per ringraziarti di aver acquistato questo libro. Puoi scegliere tra uno qualsiasi degli altri nostri titoli pubblicati.

Puoi avere accesso immediato a qualsiasi nostro libro cliccando sul link qui sotto e iscrivendoti alla nostra mailing list:

https://campsite.bio/mastertoday

I nostri altri libri

Disciplina e Forza Mentale: *costruisci la fiducia in te stesso per sbloccare coraggio e resilienza!*

Costruisci la fiducia in te stesso e sblocca il coraggio per sopportare le difficoltà e agire in qualsiasi situazione!

La forza mentale ti aiuterà a elevarti al di sopra di molte persone che sono facilmente influenzate da circostanze esterne quali sfide, ostacoli e contrattempi. Ti permetterà di agire sotto pressione e di superare le difficoltà della vita.

Questo libro ti dà le chiavi per sviluppare la vera forza mentale.

Immaginati mentre affronti i problemi della vita con fiducia, certezza e un coraggio da leone. Immaginati mentre affronti qualsiasi problema o contrattempo possibile. Sei pronto?

Se sì, questo libro sulla padronanza della forza mentale e della disciplina è per te!

Costruisci la fiducia in te stesso e sblocca il tuo coraggio e la tua resilienza per affrontare le avversità... persevera, gestisci la pressione e attieniti ai tuoi piani. Smetti di prosciugare le tue energie e ottieni dalla vita più di quanto ritenessi possibile!

Rafforza la mente e padroneggia la disciplina, controlla gli impulsi e sopporta il disagio emotivo e psicologico, causa principale della sfortuna. Fai in modo che sopraffazione, stanchezza ed esagerata fatica sul lavoro siano sintomi del passato.

In **Disciplina e Forza Mentale** scoprirai:

- cos'è e cosa non è la forza mentale...
- i tratti del carattere che le persone mentalmente forti hanno imparato a sviluppare per elevarsi al di sopra della mediocrità;
- perché motivazione e forza di volontà non sono strumenti affidabili;

- come la disciplina aiuta a ottenere di più dalla vita;
- la forza mentale come ingrediente essenziale per il successo;
- le chiavi per rafforzare la mente e sbloccare le massime prestazioni;
- come ritardare la gratificazione con facilità.

Diventa mentalmente forte. Il libro include un manuale di lavoro passo dopo passo e quindici potenti esercizi che ti aiuteranno a trasformare gli insegnamenti di questo libro in abitudini quotidiane!

Smettila di arrenderti quando la vita diventa difficile. Padroneggia mente e disciplina per diventare resiliente. Inizia il tuo allenamento e prendi subito la tua copia del libro per affrontare le avversità con coraggio!

Scopri di più qui:

https://master.today/books/mental-toughness/

Printed by Amazon Italia Logistica S.r.l.
Torrazza Piemonte (TO), Italy